D1691665

Eintauchen in die Dreifaltigkeit Gottes

Wo Christen das Urbild der Liebe finden

Anton Vogelsang LC

cif – Catholic Media

© 2012 Catholic Media e.V.
Justinianstraße 16, 50679 Köln-Deutz
Tel. +49 (0) 221 880 439 - 0
E-Mail: cif@c-i-f.eu

ISBN 978-3-939977-15-5
1. Auflage: 1.000 Stück. Oktober 2012

Umschlaggestaltung
und Layout: GF Werbepraxis, H. Grosse Frericks, Stadtlohn
Titelbild: Noemi Berumen, Mexiko-Stadt
Übersetzungen: Dr. Gabriele Stein, Köln

Vertrieb: © 2012 Catholic Media e.V.
Justinianstraße 16, 50679 Köln-Deutz

Druck: LUTHE Druck und Medienservice KG, Köln

Rechte: Alle Rechte vorbehalten. Kein Teil dieses Buches darf ohne schriftliche Zustimmung des Herausgebers in irgendeiner Form reproduziert, vervielfältigt, gespeichert, übertragen oder kommerziell genutzt werden, sei es elektronisch, mechanisch, in Fotokopie, auf Magnetdatenträgern oder in anderer Form.

© 2012 Catholic Media e.V.
Justinianstraße 16, 50679 Köln-Deutz

„cif" *(Center for integral formation – Zentrum für integrale Ausbildung)* ist eine Initiative des Regnum Christi. Seit dem Jahr 2003 können auch im deutschsprachigen Raum Bücher, CDs und DVDs als besondere Geschenkideen und Hilfen für die christliche Gestaltung des Alltagslebens erworben werden. Das Regnum Christi ist eine Apostolatsbewegung, die im Dienst von Mensch und Kirche steht. Ihr Charisma deckt sich mit dem der Kongregation der Legionäre Christi.

Inhaltsverzeichnis

- Vorwort 7
- Vorwort des Autors 12

I. Kapitel: Einleitung 17

II. Kapitel: Dreifaltigkeit, die uns liebt 21
- Gott liebt uns als Vater 23
- Gott liebt uns als Freund 24
- Gott liebt uns als Bräutigam 26
- Die mystische Vermählung 28
- Die beseligende Schau 34

III. Kapitel: Die Dreifaltigkeit in der Heiligen Schrift 35
- Vorbemerkung 37
- Der Vater, der Sohn und der Heilige Geist sind drei verschiedene Personen 37
- Der Vater, der Sohn und der Heilige Geist sind drei göttliche Personen 41
- Der Vater, der Sohn und der Heilige Geist sind vollkommen eins und deshalb ein einziger Gott 53
- Schlussfolgerung 56

IV. Kapitel: Entwicklung der Lehre des Dogmas 59
- Welche Ursachen führten zur Formulierung des Dogmas von der Dreifaltigkeit Gottes? 62
- Die ersten Christen 64
- Die apostolischen Väter 65

- Die christlichen Glaubensbekenntnisse und die Doxologien 66
- Die Apologeten 69
- Der heilige Justin 71
- Der heilige Irenäus 72
- Die spätere Entwicklung der Dreifaltigkeitstheologie 74
- Der heilige Augustinus 78
- Zusammenfassung 81

V. Kapitel: **Die trinitarischen Irrlehren** 83
- Vorbemerkung 85
- Die trinitarischen Irrlehren 87
- Die Irrlehren, die leugnen, dass der Vater, der Sohn und der Heilige Geist drei verschiedene Personen sind 87
- Die Irrlehren, die leugnen, dass der Vater, der Sohn und der Heilige Geist gleichermassen göttlich sind 89
- Die Irrlehren, die leugnen, dass es nur einen Gott gibt 91

VI. Kapitel: **Die Aussagen des kirchlichen Lehramts** 93
- Vorbemerkung 95
- Der Brief von Papst Dionysius an Dionysius von Alexandria 96
- Die ökumenischen Konzilien von Nicäa (325) und Konstantinopel (381) 97
- Der „Tomus Damasi" des Konzils von Rom (382) 98
- Die 11. Synode von Toledo (675) 99
- Das 4. Konzil im Lateran

Inhaltsverzeichnis 5

      (12. Ökumenisches Konzil) (1215) 106

    - Das 2. Konzil von Lyon (1274) und
      das Konzil von Florenz (1438 - 1445)
      (14. und 17. Ökumenisches Konzil) 107

    - Das Zweite Vatikanische Konzil (1962 - 1965) 110

VII. Kapitel: Bilder der Dreifaltigkeit 111

    - Vorbemerkung 113
    - Bilder aus der materiellen Welt 113
    - Bilder aus dem Bereich der geistigen Natur des Menschen 115
    - Leo Trese 116
    - Die Perichorese 116

VIII. Kapitel: Vorstellungen von der Dreifaltigkeit 123

    - Vorbemerkung 125
    - Die Kategorien des Aristoteles 126
    - Die Relationen 128
    - Die Emanationen 134
    - Die Relationen in Gott 136
    - Die göttlichen Personen 137
    - Schlussfolgerung 141

IX. Kapitel: Das göttliche Leben 145

    - Vorbemerkung 147
    - Die biblische Bedeutung der Begriffe „Vater" und „Sohn" 148
    - Vaterschaft und Sohnschaft in Gott 151
    - Die Relation zwischen Vater und Sohn 154
    - Die Selbsthingabe Gottes 157

- Der Tod am Kreuz von der Dreifaltigkeit
  her gesehen 158
- Die Freude des Vaters 160
- Die Freude des Sohnes 162
- Und der Heilige Geist? 164

X. Kapitel: Schluss 167
- Die Liebe kennen, leben und weiterschenken 169
- Ein Vorbild für die Familie und die
  ganze menschliche Gesellschaft 171
- Geht hinaus in die ganze Welt 174

XI. Kapitel: Anhang 177
- Der Brief von Papst Dionysius an
  Dionysius von Alexandria 179
- Die ökumenischen Konzilien von Nicäa (325)
  und Konstantinopel (381) 181
- Der „Tomus Damasi" des Konzils von Rom (382) 182
- Die 11. Synode von Toledo (675) 185
- Das 4. Konzil im Lateran
  (12. ökumenisches Konzil) (1215) 191
- Das 2. Konzil von Lyon (1274) und das
  Konzil von Florenz (1438 - 1445)
  (14. und 17. ökumenisches Konzil) 194
- Das Zweite Vatikanische Konzil (1962 - 1965) 197

Vorwort

„Glaubt ihr nicht, so bleibt ihr nicht!" heißt es beim Propheten Jesaja (Jes 7,9). Der Glaube besteht für uns Christen nicht nur aus Gefühlen und Emotionen, sondern er ist auch an Inhalte gebunden. Das Christentum ist die Religion der Selbstoffenbarung Gottes. Gott, der dem Menschen von Natur aus Erkennen und Verstehen ermöglicht hat, hat sich geoffenbart. Er hat sich zu erkennen gegeben. Jesus sagt gegenüber der samaritanischen Frau am Jakobsbrunnen: „Ihr betet an, was ihr nicht kennt; wir beten an, was wir kennen." (Joh 4,22)

Das Wissen um die Inhalte des Glaubens ist heute über weite Strecken geschwunden, bis hinein in die zentralsten Bereiche des Glaubens. Schuld daran ist nicht nur eine mangelhafte Katechese und eine inhaltsleere Pädagogik, sondern auch die Fixierung auf zweit- und drittrangige „Kirchenthemen". Bei seiner Himmelfahrt hat Christus die Jünger mit dem Auftrag in die Welt hinaus gesandt: „Geht zu allen Völkern und macht alle Menschen zu meinen Jüngern; tauft sie auf den Namen des Vaters und des Sohnes und des Heiligen Geistes, und lehrt sie, alles zu befolgen, was ich euch geboten habe. Seid gewiss: Ich bin bei euch alle Tage bis zum Ende der Welt." (Matthäus 28,19f) Er sagt nicht: Geht und macht Euch sorgen um Pastoralprogramme und Strukturveränderungen, sondern er spricht von der Jüngerschaft und von der Taufe auf den dreifaltigen Gott.

Ich will die Sorge, die es in vielen Diözesen und Pfarren und Gemeinschaften über die rapiden Veränderungen gibt, nicht bagatellisieren oder gar lächerlich machen. Schrumpfung der Gemeinden, Pfarrzusammenlegungen usw. sind aber doch nicht die entscheidenden Fragen, die uns umtreiben sollten. Die Kirche war und ist anpassungsfähig in ihren äußeren Formen, aber nur, wenn sie aus ihrem Wesen lebt. Was ohne Wesen ist, wird verwesen. Der Wesenskern der Kirche ist der Glaube an den dreifaltigen Gott. Wir müssen wieder besser verstehen lernen, was wir glauben. Die Offenbarung Gottes ist wunderbar und schön. Wenn wir sie besser kennenlernen, wird uns das motivieren, uns den „Zeichen der Zeit" zu stellen.

Jesus spricht bei seiner finalen Sendung vor der Himmelfahrt am Ölberg von der Taufe auf den dreifaltigen Gott. ER nennt genau an dieser Stelle, wo die Apostel mit einem machtvollen „Ite missa est" in die heidnische Welt entlässt, das erste Mal in einem Atemzug die drei göttlichen Personen. Er wollte an diesem Endpunkt seines Wirkens in sichtbarer Gestalt auch gleichsam den Inhalt der von ihm gebrachten Selbstoffenbarung Gottes zusammenfassen: Gott ist Vater, Gott ist Sohn, Gott ist Heiliger Geist. Und Christsein bedeutet, an diesen dreifaltigen Gott zu glauben, und mit seiner Existenz in diesen dreifaltigen Gott hineingetauft zu sein. Das Wort „taufen" kommt von „tauchen" und meint ein umfassendes Innesein unseres menschlichen Lebens im Leben Gottes.

Gott ist dreifaltig. Doch was bedeutet das? Selbst für praktizierende Christen sind „Vater", „Sohn" und „Geist" nur Worthülsen, über die sie nicht weiter nachdenken wollen - oder können. Den Luxus, den Glauben an die Dreifaltigkeit Gottes aber als bloße Selbstverständlichkeit hinzunehmen, können wir uns aber in der gegenwärtigen Situation nicht mehr leisten. Vor kurzem meldete sich eine junge kirchenaktive Mutter. Ihre 10-jährige Tochter kam ziemlich konsterniert von der Schule nach Hause, denn dort war sie von einem gleichaltrigen muslimischen Klassenkameraden gefragt worden: „Wie kann denn das sein, dass Gott einen Sohn hat. Es gibt doch keine zwei Götter." Auch die Mutter war mit dieser Frage, die den christlichen Gottesglauben plötzlich absurd und heidnisch aussehen lässt, überfordert. Faktum ist, dass wir, ob wir wollen oder nicht, in der globalisierten Welt, wo andere Religionen und Kulturen plötzlich Tür an Tür mit uns Christen leben, in eine Art Konkurrenzsituation geraten sind. Wir können es uns nicht leisten, nicht darüber nachzudenken. Übrigens habe ich der Mutter geraten, ihrer Tochter gut zu erklären, dass es für uns Christen auch nur einen einzigen Gott gibt. Und dass es eigentlich nicht richtig ist, zu sagen, dass „Gott einen Sohn hat". Vielmehr ist Gott Vater und ist Gott Sohn und ist Gott Heiliger Geist, zugleich. Daher hat nicht Gott einen Sohn, sondern der Vater einen Sohn. Aber dies brauche ich hier nicht weiter auszuführen, denn zum besseren Verständnis wird Ihnen dieses kleine Büchlein von Pater Anton Vogelsang helfen.

Es ist erstaunlich, oder besser gesagt: erschreckend, wie wenige Veröffentlichungen es gibt, die versuchen, den Glauben an den dreifaltigen Gott „normalen interessierten Christen" verständlich zu machen. Wahrscheinlich liegt es daran, dass sich Theologen oft in solchen Sphären bewegen, dass sie komplexe Glaubensinhalte nur mehr schwer auf die Ebene des Allgemein-Verständlichen herunterbrechen können. Vielleicht liegt es auch daran, dass man sich durch notwendige Vereinfachungen bei den Kolleginnen und Kollegen nicht blamieren möchte. Umso mehr dürfen wir Pater Anton Vogelsang dankbar sein, dass er den Versuch unternommen hat, diese zentrale Glaubenslehre so darzustellen, dass der gebildete Laie dadurch einen Zugang finden wird.

Tatsächlich ist der Glaube an die Dreifaltigkeit komplex; aber zugleich ist Gottes gleichzeitiges Vater-, Sohn- und Geist-Sein nicht ein mathematisches Rätsel, das uns nur deshalb zum glauben vorgesetzt wird, damit wir sehen, wie klein und dumm wir Menschen sind. Nein. Das Dreifaltig-Sein Gottes ist sein innerstes Lebensgeheimnis und der Grund unserer Erlösung. Pater Anton Vogelsang informiert Schritt für Schritt über den Inhalt der Lehre über Gottes dreifaltiges Wesen: von der Bibel weg über die Kirchenväter, über die Entwicklung der kirchlichen Glaubenslehre. Er erspart einem nicht, sich mit dem Fachvokabular der Theologen auseinanderzusetzen, lockert das ganze durch anschauliche Erzählungen auf und bringt hilfreiche Vergleiche und Argumente.

Es zahlt sich aus, dieses Buch durchzuarbeiten. Am Schluss wird das Wissen über den christlichen Begriff von Gott, den er uns durch seine Selbstoffenbarung geschenkt hat, größer sein. Zugleich besteht diese Hinführung zur Dreifaltigkeit auch darin, dass man am Schluss nicht einfach „weiß" wie Gott ist, so wie man weiß, dass Zwei mal Zwei Vier ist. Gott ist ja „immer größer", „semper maior". Der heilige Augustinus sagt: „Si comprehendis, non est Deus!" „Wenn Du es durch und durch verstehen kannst, dann ist es nicht Gott." (Sermo 52,16) Der Leser braucht also nicht befürchten, dass er nach Studium dieses Büchleins das Geheimnis Gottes gelöst hätte wie man ein Kreuzworträtsel auflöst. Während auf gelöste Rätsel nur gähnende Langeweile folgt, so ist es hier umgekehrt: das Wissen und die Einsicht in die göttlichen Geheimnisse haben sich zwar vertieft, zugleich empfindet man aber ein lebendiges Bedürfnis, noch tiefer in das christliche Gottesgeheimnis einzudringen.

Das Wichtigste aber ist, dass Pater Anton Vogelsang den Leser letztendlich zu einer Haltung der dankbaren Anbetung des dreifaltigen Gottes führt. So hat es die Kirche immer gehalten, dass sie viel, sehr viel über den dreifaltigen Gott nachgedacht und gelehrt hat. Am Ende aber steht immer die Auflösung in die Doxologie, in den staunenden Lobpreis: „Ehre sei dem Vater und dem Sohn und dem Heiligen Geist..."

Prof. Pater Dr. Karl Wallner OCist
Hochschule Heiligenkreuz

Vorwort des Autors

Mit Freude hörte ich Papst Benedikt XVI. am 16. Oktober 2011 in seiner Predigt im Petersdom ein Jahr des Glaubens ankündigen. Meine Freude war groß, denn als Priester sehe ich meine Lebensaufgabe darin, den Menschen zu helfen, in ihrem Glauben zu wachsen und so zur wahren Freude zu finden, die nur Gott geben kann.

Wie schon Papst Benedikt sagte: „Der Glaube ist ein Geschenk, das es wiederzuentdecken, zu pflegen und zu bezeugen gilt", denn der Herr gibt es „einem jeden von uns, die Schönheit und Freude des Christseins zu leben."[1] Und in seinem Apostolischen Schreiben Porta fidei schreibt er: „Vom Anfang meines Dienstes als Nachfolger Petri an habe ich an die Notwendigkeit erinnert, den Weg des Glaubens wiederzuentdecken, um die Freude und die erneute Begeisterung der Begegnung mit Christus immer deutlicher zutage treten zu lassen."[2]

Was ist die Beziehung zwischen dem Glauben und der Freude? Um darauf Antworten zu können muss ich erst den Glauben erklären. Für meine Zwecke genügt es zu sagen: „Der Glaube ist eine persönliche Bindung des Menschen an Gott und zugleich, untrennbar davon, freie Zustimmung zu der ganzen von Gott geoffenbarten Wahrheit."[3] Es besteht eine tiefe Verbindung zwischen dem gelebten Glauben in einer persönlichen Beziehung und den im Credo formulierten Inhalten.

---

[1] Benedikt XVI., *Predigt am Fest der Taufe des Herrn*, 10. Januar 2010
[2] Benedikt XVI., *Porta Fidei*, 2.
[3] *Katechismus der Katholischen Kirche*, 150.

Je tiefer das Ja zu Gott, desto mehr wächst auch die Freude im Leben. Doch warum brauche ich überhaupt den Glauben – so könnte sich mancher fragen – kann ich nicht auch so glücklich werden?

Was hat es mit dem Glück auf sich? Im Grunde hat Gott uns erschaffen, damit wir Ihm unsere Ehre erweisen und mit Seinen Geschöpfen vereint Seine unendliche Güte bezeugen und teilen. Aber von unserem Standpunkt aus gesehen schuf Gott uns, damit wir glücklich sind, denn wenn wir auf der Suche nach unserem eigenen Glück sind, so suchen wir im Grunde Gott. Was ist also Glück? Es beschreibt eine erfreuliche Stimmung, die uns, wenn wir im Besitz einer Sache sind, mit Freude und Frieden erfüllt. Das heißt, wir sind glücklich, wenn wir etwas besitzen, von dem wir denken, dass es gut für uns ist, weil es unsere Sehnsüchte erfüllt. Das kann zum Beispiel Geld, Sex, ein gutes Buch sein, oder Wissenserwerb, die Lieblingssorte Wein, ein Mensch, den wir lieben, etc. oder Gott selbst. Hier gilt natürlich: Je bedeutender die Sache ist, die wir besitzen, desto größer ist das Glück.

Leider machen wir alle die Erfahrung, dass geschaffene Dinge uns nur ungenügend die Freude bringen, nach der wir uns so sehnen, denn die Freude an ihrem Besitz ist unbeständig und unbefriedigend. Selbst die Freude über einen geliebten Menschen, mit dem man sein Leben teilt, ist unvollkommen und oft mit Leiden verbunden. Warum? Das liegt daran, dass nur Gott das Verlangen unserer Herzen ganz und gar stillen kann. Für ein vollkommenes Glück müsste eine Sache folgende Bedingungen erfüllen

(1) Es muss sich um eine überragende Sache handeln, die keiner anderen untergeordnet werden kann. Wenn wir uns ein neues Auto oder ein teures Kleid kaufen, sind wir so lange glücklich, bis wir jemanden treffen, der ein besseres Auto fährt oder ein schöneres Kleid trägt.

(2) Die Sache muss in sich alles Schlechte ausschließen. Wir können mit einem gestohlenen Auto nicht glücklich sein, da wir aufgrund unserer schlechten Handlung kein ruhiges Gewissen haben können.

(3) Sie muss unsere gesamten Sehnsüchte erfüllen. Auch wenn wir das schönste Kleid der Welt besitzen, würden wir dennoch unsere Freude darüber verlieren, sobald wir Hunger bekommen, es sei denn, wir könnten das Kleid verspeisen.

(4) Die einmal erworbene Sache kann man nicht verlieren. Autos rosten und Kleider nutzen sich ab. Unsere Freude nimmt rasch ab, sobald wir uns Sorgen machen, dass wir verlieren, was wir besitzen.

In Anbetracht dieser Bedingungen kann man leicht verstehen, warum keine Sache auf Erden uns das Glück geben kann, nach dem wir suchen. Gott allein erfüllt diese vier Bedingungen: Nichts ist größer als Gott; in Ihm ist keinerlei Bösartigkeit; er stillt all unser Verlangen; und wenn Er einmal im Himmel unser Eigen ist, werden wir Ihn nie wieder verlieren können. Wenn man also sein Herz an Dinge hängt, ist das Leben von Enttäuschung und Unzufriedenheit gezeichnet. Der Segen des Menschen besteht in der Gewissheit, der Liebe und der fruchtbringenden Freude darüber, im Besitz Gottes und gleichzeitig Gottes Eigen zu sein.

Wenn wir das verstehen, dann begreifen wir auch, warum wir so oft mit unserem Leben unzufrieden sind. Nichts auf dieser Erde kann unsere Herzen erfüllen. Erst im Himmel werden wir zur wahren Freude gelangen. Doch das bedeutet nicht, dass wir auf Erden zum Elend verdammt sind. Im Gegenteil, wir sollten uns sogar um ein relatives Wohlergehen bemühen, soweit es mit unserem Glauben vereinbar ist. Aber wir müssen damit rechnen, dass wir selbst in der besten Lebenslage eine gewisse Unbefriedigung, Langeweile oder Leere in unserem Leben verspüren. Das ist ganz normal. Auch sollten wir nicht verzweifeln, wenn es uns nicht gelingt, die irdischen Güter (Gesundheit, Reichtum, Ruhm, die Liebe der Menschen, etc.) zu erlangen. Schon der biblische Schreiber Kohelet stellte fest: „Windhauch, Windhauch, Windhauch, das ist alles Windhauch"[4] und „Hast du alles gehört, so lautet der Schluß: Fürchte Gott, und achte auf seine Gebote! Das allein hat jeder Mensch nötig."[5] Oder wie Jesus selbst die Frage an uns stellt: „Was nützt es einem Menschen, wenn er die ganze Welt gewinnt, dabei aber sein Leben einbüßt?"[6]

Ziel dieses Buches ist es, die katholische Lehre im Geheimnis der Dreifaltigkeit darzustellen, so dass der durchschnittliche Laie, und nicht nur gebildete Theologen, einen Gewinn daraus ziehen können. Die Dreifaltigkeit zu verstehen hilft uns weiter, uns selbst zu verstehen und warum Liebe für uns so wichtig ist. Wir sind nach dem Abbild Gottes geschaffen, der die Liebe ist, und wir sind dazu berufen, Seine Liebe nachzuahmen. Die Dreifaltigkeit ist auch ein Vorbild für uns, das uns zeigt, wie Beziehung in Familie und Gemeinschaft auf dem Grundstein der Liebe aufgebaut werden kann.

---

[4] Buch Kohelet 1, 2.   [5] Buch Kohelet 12, 13.   [6] Markus 8, 36.

Auch wenn es sich hier um kein wissenschaftliches Buch handelt, das alle akademischen Erfordernisse der Wissenschaft erfüllt, will es doch ein wahrhaftiges theologisches Buch sein, das die Grundlagen der Dreifaltigkeitstheologie erklärt. Ich gebe mein Bestes, diese auf möglichst einfache Art und Weise zu erläutern und sie anhand alltäglicher Beispiele zu veranschaulichen. Jedoch ist Theologie ein Thema für sich und einige Konzepte sind schwierig, egal, wie man sie darstellt. So hoffe ich, dass Sie auch bei komplizierteren Inhalten weiterlesen. Wenn Sie am Ende der Lektüre sagen können, dieses Buch hat Ihnen geholfen, in Glaube, Hoffnung und Liebe zu wachsen, dann bin ich glücklich. Denn dafür habe ich das Buch geschrieben. Es ist mein kleiner Beitrag zu dem Jahr des Glaubens, das Papst Benedikt ausgerufen hat. Ich bete für Sie. Bitte beten Sie auch für mich.

Schön, dass Sie dieses Buch lesen.
Ich freue mich auf Ihre Kommentare und Fragen

>   Legionäre Christi e.V.
>   P. Anton Vogelsang LC
>   Justinianstraße 16
>   50679 Köln-Deutz
>   avogelsang@legionaries.org

Vielen Dank und Gott segne Sie!

Anton Vogelsang, LC

I. Kapitel

Einleitung

Einige Religionen halten Gott für die elementare Energie, die den Kosmos erschaffen hat, und uns Menschen für einen Teil ebendieser Energie. Diese Vorstellung ist insofern problematisch, als eine Kraft oder Energie etwas Unpersönliches ist. Außerdem bestünde, wenn wir alle Teil dieser Energie wären, zwischen ihr und uns überhaupt kein Unterschied. Zu einem unpersönlichen Gott, der sich nicht von uns unterscheidet, könnten wir aber nicht in Beziehung treten, und lieben könnten wir ihn schon gar nicht, denn für eine Liebesbeziehung brauchen wir eine andere Person.

Andere Religionen denken sich Gott als ein persönliches Wesen. Eine Beziehung zu ihm ist also möglich. Doch dieser Gott ist so transzendent, absolut und erhaben, dass die Beziehung zwischen uns und ihm nicht von Liebe geprägt ist, sondern eher dem Verhältnis zwischen Diener und Herrscher ähnelt. Gottes Liebe zu uns äußert sich sozusagen darin, dass er uns geschaffen hat, uns regiert und uns mit seinen Gaben und Segnungen beschenkt. Und unsere Liebe zu Gott äußert sich darin, dass wir ihn anbeten, ihm dienen und ihm für die Gaben und Segnungen danken, die wir von ihm empfangen. Doch es gibt keine interpersonale Liebe, das heißt, es besteht kein Austausch zwischen zwei Personen, die einander beschenken. Dabei ist diese Vorstellung nicht völlig falsch: Gott ist ja in der Tat ein König und Herrscher, und wir müssen ihn als solchen lieben, ihm dienen und uns seinem Willen unterwerfen. Und doch ist die Liebesbeziehung, die Gott sich mit uns wünscht, etwas viel Größeres.

Im Christentum ist Gott Liebe. Wie wir noch sehen werden, ist er deshalb Liebe, weil er dreifaltig ist. Wäre er nicht dreifaltig, wäre er nicht Liebe, denn ein einziges Wesen hätte niemanden, den es lieben könnte. Es braucht ein Gegenüber. Tatsächlich besteht eine Liebesbeziehung sogar aus dreierlei: dem Liebenden (dem Vater), dem Geliebten (dem Sohn) und der Liebe selbst, mit der diese beiden einander lieben (dem Heiligen Geist). Gott ist also Liebe, die in sich selbst existiert.

Die gute Nachricht unseres christlichen Glaubens ist nicht einfach die, dass Gott Liebe ist. Die gute Nachricht ist, dass Gott uns von Person zu Person mit einer Liebe lieben will, die alle Dimensionen der Liebe umfasst. Das ist ein völlig unerwartetes und unverdientes Geschenk. Daran muss der heilige Paulus wohl gedacht haben, als er schrieb: „Wir verkündigen, wie es in der Schrift heißt, was kein Auge gesehen und kein Ohr gehört hat, was keinem Menschen in den Sinn gekommen ist: das Große, das Gott denen bereitet hat, die ihn lieben. Denn uns hat es Gott enthüllt durch den Geist" (1 Kor 2,9-10).

Ja, Gott liebt uns als unser Schöpfer und Herrscher – doch seine Liebe zu uns geht weit darüber hinaus: Er liebt uns auch als Vater, als Freund und sogar als Bräutigam, der die bräutliche Vereinigung mit der Geliebten sucht, um mit ihr zu verschmelzen.[7] Ist es denn keine Blasphemie, so etwas zu sagen? Oder täuschen wir uns vielleicht? Ist all das nur ein Trugbild? Nein. Wir dürfen uns der Liebe Gottes sicher sein, denn „die Liebe Gottes wurde unter uns dadurch offenbart, daß Gott seinen einzigen Sohn in die Welt gesandt hat" (1 Joh 4,9).

---

[7] Wobei die Unterscheidung der Personen natürlich gewahrt bleibt.

II. Kapitel

Dreifaltigkeit, die uns liebt

GOTT LIEBT UNS ALS VATER

Eine große Neuigkeit unseres christlichen Glaubens besteht darin, dass wir Gott unseren „Vater" nennen und das lehrt uns auch Jesus. Im Neuen Testament gibt es zahlreiche Zitate, die besagen, dass wir Kinder Gottes sind. Es ist wahr, wir sind es wirklich. Kennzeichen eines Vaters ist es, dass er ein anderes Wesen zeugt, das ihm der Natur nach gleich ist. Denken wir an die menschliche Fortpflanzung: Das Kind, das zur Welt kommt, ist weder mit seinem Vater noch mit seiner Mutter identisch; es ist ein eigenständiges Wesen, aber, genau wie Vater und Mutter, seiner Natur nach ein Mensch. Was bei der menschlichen Fortpflanzung geschieht, geschieht auf einer anderen Ebene auch bei der Taufe, wenn Gott uns durch das Sakrament zu seinen Kindern macht:

> Die Taufe reinigt nicht nur von allen Sünden, sondern macht den Neugetauften zugleich zu einer „neuen Schöpfung" (2 Kor 5,17), zu einem *ADOPTIVSOHN GOTTES* (vgl. Gal 4,5-7); er hat „an der göttlichen Natur Anteil" (2 Petr 1,4), ist Glied Christi (vgl. 1 Kor 6,15; 12,27), „Miterbe" mit ihm (Röm 8,17) und ein Tempel des Heiligen Geistes (vgl. 1 Kor 6,19) (*Katechismus der Katholischen Kirche*, 1265).

Doch obwohl Gott einer ist, ist er nicht nur eine einzige Person: Er ist Vater, Sohn und Heiliger Geist. In der Taufe empfangen wir den Heiligen Geist, der vom Vater gesandt ist, um uns dank der Verdienste Jesu Christi zu heiligen. Wenn wir den Heiligen Geist empfangen, empfangen wir eine vom Vater unterschiedene Person und gehen deshalb nicht im Vater auf. Dennoch empfangen wir Gott selbst, wenn wir den Heiligen Geist empfangen, denn der Heilige Geist ist Gott. Wir erhalten also Anteil an der göttlichen Natur. Auf wundersame Weise erfüllen sich so alle Voraussetzungen der echten Vaterschaft. Gott ist wirklich unser Vater und liebt uns als seine Kinder!

Interessanterweise kennen die zwei Religionen, die uns am nächsten sind – Judentum und Islam – Gott nicht als ihren Vater. Obwohl die Muslime ebenfalls den Gott Abrahams anbeten, können sie ihn nicht Vater nennen. Ihre heiligen Bücher erwähnen 99 Namen Gottes, und die frommen Muslime überall auf der Welt kennen diese Namen auswendig und sagen sie immer wieder auf. Einige dieser Namen sind: „der Barmherzige", „der Erbarmer", „der König", „der Heilige", „der Frieden" usw. Das sind wunderbare Namen, die sich hervorragend auf Gott anwenden lassen. Der Name „Vater" kommt in dieser Liste jedoch nicht vor. Die Muslime können Gott nicht Vater nennen, weil sie nicht an die Dreifaltigkeit glauben. Für sie ist Gott ganz und gar einer; aus diesem Grund kann er sich uns nicht hingeben und auch nicht unser Vater sein.

Gott liebt uns als Freund

Außerdem sind wir Freunde Gottes. Auch das ist möglich, weil er dreifaltig ist. Was ist Freundschaft? Freundschaft ist mehr als Sympathie, Kameradschaft oder Teamgeist. Freundschaft ist eine der erhabensten Facetten der Liebe. Laut Aristoteles besteht Freundschaft darin, um des Freundes willen dessen Wohl zu wollen und herbeizuführen. Laín Entralgo[8] definiert die Freundschaft als „liebevollen

Austausch zweier Personen, bei dem sich die menschliche Natur zum Wohle beider verwirklicht und vervollkommnet." Deshalb geben zwei Freunde einander das, was sie haben, was sie tun und vor allem das, was sie sind.

Hierzu bedarf es zwischen zwei Freunden einer gewissen Gleichheit. Ohne diese Gleichheit oder Ähnlichkeit könnten die Personen sich einander nicht hingeben. Sie könnten nicht zu jener wechselseitigen Vertrautheit gelangen, die das Fundament jeder Freundschaft ist. Genau das war es, was Adam im Paradies fehlte, und deshalb fühlte er sich einsam. Er war von einer Fülle von Lebewesen umgeben, aber einen Freund hatte er nicht. Gewiss lieben wir unsere Haustiere, aber als Freunde können wir sie nicht bezeichnen, denn ein vertrauter Austausch von Gaben findet nicht statt.

Wie aber können wir dann mit Gott befreundet sein, obwohl wir doch nur Menschen sind? Haben wir etwas mit ihm gemeinsam, das uns erlaubt, unser Tun und Sein mit ihm zu teilen? Ja. In der Taufe empfangen wir den Heiligen Geist, der uns an der göttlichen Natur teilhaben lässt. Ohne dass wir Gott ganz und gar gleich wären, besteht doch eine Ähnlichkeit, die als Grundlage einer echten Freundschaft genügt. Es stimmt wirklich: Gott vertraut uns seine Geheimnisse an und spricht in unserem Inneren durch den Heiligen Geist mit uns. Es wäre tollkühn, etwas Derartiges zu behaupten, wenn wir uns nicht auf Christus selbst berufen könnten:

---

[8] Pedro Laín Entralgo (* 15. Februar 1908; † 5. Juni 2001) war ein spanischer Arzt, Medizinhistoriker und Philosoph. Er ist ein Vertreter der Madrider Schule des Existentialismus.

Ihr seid meine Freunde, wenn ihr tut, was ich euch auftrage. Ich nenne euch nicht mehr Knechte; denn der Knecht weiß nicht, was sein Herr tut. Vielmehr habe ich euch Freunde genannt; denn ich habe euch alles mitgeteilt, was ich von meinem Vater gehört habe (Joh 15,14-15).

GOTT LIEBT UNS ALS BRÄUTIGAM

Dass wir Gott unseren Vater und unseren Freund nennen dürfen, ist schon viel, ist ein völlig ungeschuldetes und unverhofftes Geschenk. Und doch wäre damit noch viel zu wenig gesagt: Gott ruft uns in sein eigenes göttliches Leben hinein, er will uns daran teilhaben lassen, er will als unser Bräutigam mit uns eins werden. Vielleicht kann ein Bild uns helfen, dies zu verstehen.

Von allen Formen der menschlichen Liebe (mütterliche, väterliche, kindliche Liebe, Sympathie, Freundschaft usw.) ist die Liebe der Eheleute die vollkommenste, weil sie alle Seinsdimensionen umfasst. In der ehelichen Vereinigung geben sich Mann und Frau einander hin und verlieren sich ineinander. Gott hat, so deutet es die christliche Tradition, die Liebe der Eheleute zum Bild seiner Liebe zur Menschheit machen wollen. Mit anderen Worten, die eheliche Vereinigung ist ein Symbol oder Bild für die Einheit Christi mit uns.

> Die auf einer ausschließlichen und endgültigen Liebe beruhende Ehe wird zur Darstellung des Verhältnisses Gottes zu seinem Volk und umgekehrt: die Art, wie Gott liebt, wird zum Maßstab menschlicher Liebe.[9]

---

[9] Benedikt XVI., Deus Caritas Est, 11.

Gott als unser Bräutigam – ist das nicht etwas übertrieben? Tatsächlich kehrt diese Vorstellung in der gesamten Bibel immer und immer wieder. Die Propheten haben die Liebe Gottes mit gewagten Bildern veranschaulicht. Der Prophet Hosea vergleicht sie mit der Liebe eines Mannes, der von seiner ehebrecherischen Frau betrogen worden ist.[10] Auch der Prophet Ezechiel beschreibt Gottes Beziehung zu seinem Volk in der Sprache der Leidenschaft.[11] Diese biblischen Texte weisen darauf hin, dass die bräutliche Liebe, der Eros, Teil der Liebe Gottes ist.

Dieser Gedanke findet sich auch im Neuen Testament. So sagt der heilige Paulus ganz ausdrücklich:

> Darum wird der Mann Vater und Mutter verlassen und sich an seine Frau binden und die zwei werden ein Fleisch sein. **DIES IST EIN TIEFES GEHEIMNIS; ICH BEZIEHE ES AUF CHRISTUS UND DIE KIRCHE** (Eph 5,31-32).

> Wer sich dagegen an den Herrn bindet, ist ein Geist mit ihm (1 Kor 6,17).

Damit nicht genug, stellt Jesus selbst sich als Bräutigam dar, und im letzten Buch der Bibel, der Offenbarung des Johannes, wird die

---

[10] „Der Herr sagte zu mir: Geh noch einmal hin und liebe die Frau, die einen Liebhaber hat und Ehebruch treibt. (Liebe sie) so, wie der Herr die Söhne Israels liebt, obwohl sie sich anderen Göttern zuwenden und Opferkuchen aus Rosinen lieben" (Hos 3,1).

[11] „Da kam ich an dir vorüber und sah dich in deinem Blut zappeln; und ich sagte zu dir, als du blutverschmiert dalagst: Bleib am Leben! Wie eine Blume auf der Wiese ließ ich dich wachsen. Und du bist herangewachsen, bist groß geworden und herrlich aufgeblüht. Deine Brüste wurden fest; dein Haar wurde dicht. Doch du warst nackt und bloß. Da kam ich an dir vorüber und sah dich, und siehe, deine Zeit war gekommen, die Zeit der Liebe. Ich breitete meinen Mantel über dich und bedeckte deine Nacktheit. Ich leistete dir den Eid und ging mit dir einen Bund ein - Spruch Gottes, des Herrn - und du wurdest mein" (Ez 16,6-8).

Hochzeit zwischen dem Lamm und seiner festlich geschmückten Braut, das heißt zwischen Jesus Christus und der Kirche vollzogen.

> Können denn die Hochzeitsgäste fasten, solange der Bräutigam bei ihnen ist? (Mk 2,19).

> Wir wollen uns freuen und jubeln und ihm die Ehre erweisen. Denn gekommen ist die Hochzeit des Lammes und seine Frau hat sich bereit gemacht. Sie durfte sich kleiden in strahlend reines Leinen. Das Leinen bedeutet die gerechten Taten der Heiligen. Jemand sagte zu mir: Schreib auf: Selig, wer zum Hochzeitsmahl des Lammes eingeladen ist (Offb 19,7-9).

DIE MYSTISCHE VERMÄHLUNG

An diesem Punkt verlassen wir das Gebiet der Theologie und betreten den Bereich der Mystik. In der Theologie geht es um die Beschreibung, in der Mystik dagegen um die Erfahrung der göttlichen Wirklichkeiten. Deshalb haben die Mystiker die Wirklichkeit dieser bräutlichen Liebe zwischen Gott und uns am besten erfasst. Sie kleiden ihre Erfahrungen in eine poetische Sprache, und wir wollen ihnen zuhören:[12]

---

[12] Alles, was sie in ihrer poetischen Sprache ausdrücken, ist wahr, solange man sich vor pantheistischen Vorstellungen hütet. Hier muss der Mystiker fest auf theologischem Boden stehen. Wir sind weder Gott noch ein Teil von ihm, und Gott verwandelt uns auch nicht in sich, wenn er von unserer Seele Besitz ergreift. Wir bleiben Geschöpfe, auch wenn seine Gegenwart uns vergöttlicht. Das göttliche Leben in uns ist nicht mit dem Leben Gottes identisch, aber ihm ähnlich. Die Theologen sprechen in diesem Zusammenhang von „Teilhabe". Wir haben teil am göttlichen Leben und sind Gott ähnlich, aber nicht mit ihm identisch.
[13] Teresa von Ávila, *Weg der Vollkommenheit. Mit kleineren Schriften: Satzungen, Visitationsverfahren, Gedichte und Lieder*, Sämtliche Schriften der hl. Theresia von Jesu, Bd. 6, 2. unveränd. Aufl., München u. a. 1956, S. 285-287.

II. Kapitel – Dreifaltigkeit, die uns liebt

Die heilige Teresa von Ávila

> **Staunen über die Schönheit Gottes**
> Schönheit, die du überstrahlest
> alles, was sonst Schönheit heißt,
> Schaffst ohn' Wunden herbe Schmerzen,
> Machest ohne Schmerz die Liebe
> Aller Kreatur zunichte.
> O du Band, das du verbindest
> Zwei so ganz verschied'ne Dinge;
> Wie doch kommt's, daß du dich lösest,
> Da gebund'ne Kraft du leihest,
> Selbst das Übel gutzuheißen?
> Was kein Sein hat, das verbindest
> Mit dem Sein du, das nie endet.
> Du vollendest, nie vollendend,
> Liebest da, wo nichts zu lieben.
> Unsrem Nichts verleihst du Größe.[13]

Die selige Elisabeth von der Dreifaltigkeit

> Das hat, ich gestehe es Ihnen, aus meinem Leben einen vorweggenommenen Himmel gemacht: zu glauben, daß ein Wesen, das sich die Liebe nennt, in jedem Moment des Tages und der Nacht in uns wohnt und uns bittet, in seiner Gesellschaft zu leben.[14]

---

[14] Elisabeth von der Dreifaltigkeit, *Œuvres complètes*, Paris, Cerf, 1991 (Neudr. 2007), S. 785 (Brief vom 23. Oktober 1906 an Madame Gout de Bize).

Der heilige Pfarrer von Ars (Johannes Maria Vianney)

> Jeder, der ein reines und mit Gott vereintes Herz hat, erfährt in sich selbst eine Art berauschender Sanftmut und Milde, fühlt sich wie umgeben von einem wunderbaren Licht. In dieser innigsten Vereinigung sind Gott und die Seele wie zwei Stücke Wachs, die zu einem einzigen verschmelzen und die niemand trennen kann. Diese Vereinigung Gottes mit seinem armen Geschöpf ist etwas sehr Schönes; sie ist ein Glück, das unsere Begriffe übersteigt.[15]

Diese tiefe mystische Erfahrung unserer Vereinigung mit Gott nennt sich geistliche Vermählung. Sie ist ein ungeschuldetes Gottesgeschenk, das man empfängt, wenn man versucht, sich von seinen Fehlern und Mängeln zu läutern, um Gott näherzukommen und ihm zu gefallen. Im Verlauf dieses Prozesses wächst der Mensch im Gebet, sucht die Vertrautheit mit Gott und gibt sich mit nichts anderem mehr zufrieden. Gott teilt sich ihm auf das Innigste mit. Diese Erfahrung wird geistliche Vermählung genannt, weil sie der natürlichen Vereinigung von Mann und Frau ähnelt – nicht, weil sie sexuell wäre, sondern weil zwei Leben zu einem einzigen verschmelzen. Sie ist das Vorzimmer zum Himmel. Die heilige Teresa beschreibt die geistliche Vermählung so:

> Hier jedoch ist es, wie wenn Wasser vom Himmel in einen Fluß oder eine Quelle fällt, wo alles nichts als Wasser ist, sodaß man weder teilen noch sondern kann, was nun das Wasser des

---

[15] Aus einer Katechese des hl. Jean-Marie Vianney über das Gebet.

Flusses ist und was das Wasser, das vom Himmel gefallen; oder es ist, wie wenn ein kleines Rinnsal ins Meer fließt, von dem es durch kein Mittel mehr zu scheiden ist; oder aber wie in einem Zimmer mit zwei Fenstern, durch die ein starkes Licht einfällt: dringt es auch getrennt ein, so wird doch alles zu einem Licht.[16]

Und der heilige Johannes vom Kreuz:

Dann wird sie (die Seele) alsbald erleuchtet und in Gott umgestaltet. Gott teilt ihr sodann sein eigenes übernatürliches Sein mit, sodaß sie Gott selber zu sein scheint und ihr eigen nennt, was Gottes ist. Wenn also Gott in einer Seele diese außerordentliche Gnade wirkt, dann geht diese Vereinigung so weit, daß alles, was Gott und der Seele zu eigen ist, eins wird in dieser Mitteilung und Umgestaltung. So scheint dann die Seele mehr Gott zu sein als Seele. Wohl ist sie Gott, aber nur durch Teilnahme (an seinem Wesen); gleichwohl aber behält sie trotz ihrer Umwandlung in Wirklichkeit ihr natürliches vom göttlichen so ganz verschiedenes Sein wie vorher bei, wie auch das Glas, das vom Sonnenstrahl beschienen ist, seine von diesem verschiedene Natur beibehält.[17]

Einige weitere Beispiele sollen uns dieses Phänomen im Folgenden noch etwas besser veranschaulichen.

---

[16] Teresa von Ávila, *Die innere Burg*, Zürich 1979, S. 196 (Die siebte Wohnung, Kapitel 2).
[17] Johannes vom Kreuz, *Aufstieg zum Berge Karmel*, Des heiligen Johannes vom Kreuz sämtliche Werke, Bd. 1, München 1967, S. 91 (2. Buch, 1. Teil, 4. Kapitel).

Die heilige Rosa von Lima (1586 - 1617)

Die mystische Vermählung zwischen ihr und Christus geschah am Palmsonntag des Jahres 1617 in der Rosenkranzkapelle von Lima. Während sie vor dem Bild Unserer Lieben Frau vom Rosenkranz betete, hörte sie, wie das Jesuskind aus dem Gemälde zu ihr sprach: „Rose meines Herzens, ich will dich zur Braut." Daraufhin antwortete sie: „Hier hast du mich, Herr, deine demütige Dienerin. Dein bin ich, und dein werde ich immer sein." Danach bat sie ihren Bruder Hernando, ihr einen Ring anfertigen zu lassen, in den die Worte des Jesuskindes eingraviert werden sollten. Am Ostersonntag desselben Jahres steckte ihr ein Dominikaner diesen Ring an den Finger.

Die heilige Katharina von Siena (1347 - 1380)

Mit zwanzig Jahren hatte sie eine Vision, in der Jesus Christus zu ihr sagte: „Da du aus Liebe zu mir auf alle irdischen Freuden verzichtet hast und dich nur an mir erfreuen willst, habe ich feierlich beschlossen, meine Vermählung mit dir zu feiern und dich zu meiner Braut im Glauben zu nehmen." Dann erschienen die Muttergottes, der heilige Evangelist Johannes, der heilige Petrus, der heilige Paulus und der heilige König David, der die Harfe spielte. Maria nahm Katharinas Hand und legte sie in die Hand des Jesuskindes, das zu ihr sagte: „Ich, dein Schöpfer und Erlöser, nehme dich zur Braut und gewähre dir einen standhaften Glauben, der niemals wanken wird. Fürchte nichts. Ich habe dir den Schild des Glaubens verliehen, und du wirst über alle deine Feinde obsiegen." Dabei steckte er ihr einen goldenen Ring mit einem Diamanten und vier Perlen an den Finger. Als die Vision vorüber war, erblickte die Heilige den Ring an ihrem Finger, der von da an bis zum letzten Tag ihres Lebens für sie (und nur für sie) sichtbar blieb.

Die heilige Teresa von Ávila (1515 - 1582)

Die mystische Vereinigung zwischen der Heiligen und Jesus Christus geschah, als sie aus den Händen des heiligen Johannes vom Kreuz den Leib Christi empfing; Christus erschien ihr und sagte zu ihr: „Siehst du diesen Nagel? Er bedeutet, dass wir von jetzt an vermählt sind." Dabei bohrte er ihr einen Nagel in die Handfläche und fügte ihr damit einen köstlichen Schmerz zu. In diesem Fall ist das verbindende Element kein Ring, sondern ein Nagel: Die Vereinigung der Heiligen mit Christus vollzieht sich im Schmerz.

Diese hier beschriebenen Erlebnisse berühmter Heiliger sollen nicht den Eindruck erwecken, dass die mystische Vereinigung eine Art Spezialbehandlung für besonders wichtige Persönlichkeiten oder ein Privileg heiliger Frauen wäre. Wir wissen auch von zahlreichen Männern, die ein intensives mystisches Leben geführt haben, so etwa Titus Brandsma, Charles de Foucauld und Pater Pio, um nur einige Beispiele aus dem 20. Jahrhundert zu nennen. Wir alle sind zu dieser innigen Einheit mit Gott berufen. Sie wird uns im Himmel geschenkt werden, wenn wir Gott von Angesicht zu Angesicht sehen, aber wir können uns auch hier auf Erden bereits darum bemühen.

DIE BESELIGENDE SCHAU

Diese Einheit mit Gott im Himmel heißt beseligende Schau oder *Visio beatifica*. Der Prozess unserer Vergöttlichung, der mit unserer Taufe begonnen hat, gelangt hier zu seiner Vollendung. Gott ist dann in uns und wir sind in ihm. Wie wird das sein? Wie werden wir sein? Das wissen wir nicht, aber Gott hat uns dafür geschaffen und wird uns die Fülle der Glückseligkeit erfahren lassen.

> Jetzt schauen wir in einen Spiegel und sehen nur rätselhafte Umrisse, dann aber schauen wir von Angesicht zu Angesicht. Jetzt erkenne ich unvollkommen, dann aber werde ich durch und durch erkennen, so wie ich auch durch und durch erkannt worden bin (1 Kor 13,12).

> Liebe Brüder, jetzt sind wir Kinder Gottes. Aber was wir sein werden, ist noch nicht offenbar geworden. Wir wissen, daß wir ihm ähnlich sein werden, wenn er offenbar wird; denn wir werden ihn sehen, wie er ist (1 Joh 3,2).

Das alles ist möglich, weil Gott dreifaltig ist. Wenn wir also unsere Beziehung zu ihm und seine große Liebe zu uns besser verstehen wollen, dann müssen wir uns zuerst bemühen zu verstehen, wer er ist. Wir müssen uns ganz auf ihn einlassen.

III. Kapitel

Die Dreifaltigkeit in der Heiligen Schrift

Vorbemerkung

Das Wort „Dreifaltigkeit" suchen wir in der Bibel vergeblich. Einige Sekten[18] behaupten, die Vorstellung von einem dreifaltigen Gott sei eine Erfindung der Kirche, aber das trifft nicht zu. Auch wenn die Heilige Schrift den Begriff nicht verwendet, ist die Lehre von der Dreifaltigkeit dennoch eine biblische Lehre. Sie besteht aus den folgenden drei Wahrheiten:

- Der Vater, der Sohn und der Heilige Geist sind drei VERSCHIEDENE Personen.
- Der Vater, der Sohn und der Heilige Geist sind drei GÖTTLICHE Personen.
- Obwohl der Vater, der Sohn und der Heilige Geist als Personen unterschieden sind, sind sie doch vollkommen eins und deshalb EIN EINZIGER GOTT.

Ich möchte nun untersuchen, wie sich diese drei Sätze aus der Bibel ableiten lassen.

Der Vater, der Sohn und der Heilige Geist sind drei verschiedene Personen

Die Evangelien erzählen, wie Jesus zu Beginn seines öffentlichen Wirkens am Jordan die Taufe empfängt. Auf diese Weise solidarisiert er sich mit der Menge der Sünder, die zu Johannes kommen, um sich taufen zu lassen. Für die Juden war das Untertauchen bei der

---

[18] Zum Beispiel die Zeugen Jehovas.

Wassertaufe ein Symbol für das Sterben. Mit seiner Taufe tritt Jesus seinen Sendungsauftrag an und verweist darauf, dass er gekommen ist, um für die Sünder zu sterben. Der Vater erkennt ihn als den von Jesaja prophezeiten Gottesknecht an, an dem er Gefallen gefunden hat. Im selben Augenblick, da er, der ohne Sünde ist, sich entschließt, in diese Welt der Sünder einzutauchen, bezeugt der Vater feierlich, woher er stammt, und kommt der Heilige Geist sichtbar auf ihn herab, um ihn seiner Mission zu weihen. Hören wir das Wort Gottes:

> Zu dieser Zeit kam Jesus von Galiläa an den Jordan zu Johannes, um sich von ihm taufen zu lassen. [...] Kaum war JESUS getauft und aus dem Wasser gestiegen, da öffnete sich der Himmel, und er sah den GEIST Gottes wie eine Taube auf sich herabkommen. Und EINE STIMME aus dem Himmel sprach: Das ist mein geliebter Sohn, an dem ich Gefallen gefunden habe (Mt 3,13.16-17; vgl. Mk 1,8-11[19]; Lk 3,16-22[20]; Joh 1,32-34[21]).

Dieses Ereignis war so wichtig, dass der heilige Petrus dem römischen Hauptmann Cornelius davon erzählte, nachdem dieser ihn gebeten hatte, ihm den Glauben zu erklären. Cornelius war der erste

---

[19] „In jenen Tagen kam Jesus aus Nazaret in Galiläa und ließ sich von Johannes im Jordan taufen. Und als er aus dem Wasser stieg, sah er, daß der Himmel sich öffnete und der Geist wie eine Taube auf ihn herabkam. Und eine Stimme aus dem Himmel sprach: Du bist mein geliebter Sohn, an dir habe ich Gefallen gefunden" (Mk 1,9-11).
[20] „Zusammen mit dem ganzen Volk ließ auch Jesus sich taufen. Und während er betete, öffnete sich der Himmel, und der Heilige Geist kam sichtbar in Gestalt einer Taube auf ihn herab, und eine Stimme aus dem Himmel sprach: Du bist mein geliebter Sohn, an dir habe ich Gefallen gefunden" (Lk 3,21-22).
[21] „Und Johannes bezeugte: Ich sah, daß der Geist vom Himmel herabkam wie eine Taube und auf ihm blieb. Auch ich kannte ihn nicht; aber er, der mich gesandt hat, mit Wasser zu taufen, er hat mir gesagt: Auf wen du den Geist herabkommen siehst und auf wem er bleibt, der ist es, der mit dem Heiligen Geist tauft. Das habe ich gesehen und ich bezeuge: Er ist der Sohn Gottes."

Heide, der sich zum Christentum bekehrte. Petrus sagte zu ihm: „Ihr wißt, was im ganzen Land der Juden geschehen ist, angefangen in Galiläa, nach der Taufe, die Johannes verkündet hat: wie Gott JESUS VON NAZARET gesalbt hat mit dem HEILIGEN GEIST und mit Kraft, wie dieser umherzog, Gutes tat und alle heilte, die in der Gewalt des Teufels waren; denn GOTT war mit ihm" (Apg 10,37-38).

Etwas Ähnliches geschieht bei der Verklärung Jesu. Jesus wollte vor seinem Leiden den Glauben seiner Apostel stärken und zeigte sich deshalb Petrus, Jakobus und Johannes in seiner Herrlichkeit.

> Sechs Tage danach nahm JESUS Petrus, Jakobus und dessen Bruder Johannes beiseite und führte sie auf einen hohen Berg. [...] Noch während er redete, warf eine leuchtende WOLKE ihren Schatten auf sie und aus der Wolke rief eine Stimme: Das ist mein geliebter Sohn, an dem ich Gefallen gefunden habe; auf ihn sollt ihr hören (Mt 17,1.5; vgl. Lk 9,28-29.34-35[22]).

Auch diese Episode sollte Petrus später in einem seiner Briefe erwähnen. Seinen zweiten Brief schrieb er, um seine Leser vor Irrlehrern zu warnen. Diese sorgten mit ihren falschen Mutmaßungen über die glorreiche Wiederkunft des Herrn für müßige Spekulationen. Petrus erzählt die Episode von der Verklärung, um zu beweisen, dass er ein echter Apostel ist und Ereignisse überliefert, die er selbst mit angese-

---

[22] „Etwa acht Tage nach diesen Reden nahm Jesus Petrus, Johannes und Jakobus beiseite und stieg mit ihnen auf einen Berg, um zu beten. Und während er betete, veränderte sich das Aussehen seines Gesichtes und sein Gewand wurde leuchtend weiß. [...] Während er noch redete, kam eine Wolke und warf ihren Schatten auf sie. Sie gerieten in die Wolke hinein und bekamen Angst. Da rief eine Stimme aus der Wolke: Das ist mein auserwählter Sohn, auf ihn sollt ihr hören."

hen hat: „Denn wir sind nicht irgendwelchen klug ausgedachten Geschichten gefolgt, als wir euch die machtvolle Ankunft Jesu Christi, unseres Herrn, verkündeten, sondern wir waren Augenzeugen seiner Macht und Größe. Er hat von Gott, dem Vater, Ehre und Herrlichkeit empfangen; denn er hörte die Stimme der erhabenen Herrlichkeit, die zu ihm sprach: Das ist mein geliebter Sohn, an dem ich Gefallen gefunden habe" (2 Petr 1,16-17).

Alle diese zitierten Stellen, die von der Taufe Jesu und seiner Verklärung erzählen, stellen den Vater, den Sohn und den Heiligen Geist als drei verschiedene Subjekte oder Personen dar, die eigenständig handeln. Der Vater spricht vom Himmel her, der Sohn wird im Fluss Jordan getauft (oder auf dem Berg Tabor verklärt), und der Heilige Geist steigt herab in Gestalt einer Taube oder einer Wolke. Es ist klar erkennbar, dass weder der Vater der Sohn ist noch der Sohn der Vater und dass keiner von beiden der Heilige Geist ist. Deshalb können wir schlussfolgern, dass Vater, Sohn und Heiliger Geist drei verschiedene Personen[23] sind.

---

[23] Ich habe den Vater, den Sohn und den Heiligen Geist hier als „Personen" bezeichnet. Dieses Thema bedarf der Vertiefung, und ich verweise den Leser auf Kapitel 8. Der Begriff der Person gehört zu den kompliziertesten Begriffen der Philosophie, und es sind ganze Traktate darüber geschrieben worden. Es würde den Rahmen dieses Buches sprengen, wenn ich versuchen wollte, das Thema erschöpfend zu behandeln. Für unsere Zwecke genügt das, was wir uns mehr oder weniger intuitiv unter einer „Person" vorstellen. Dass der Vater und der Sohn Personen sind, liegt meiner Ansicht nach auf der Hand. Sich den Heiligen Geist als Person vorzustellen, ist schon komplizierter, weil die Bibel ihn in einer Weise darstellt, die nicht eindeutig als personal betrachtet werden kann, wie in Kapitel 8 noch deutlich werden wird. Gestützt auf unseren mehr oder weniger intuitiven Personbegriff können wir jedoch sagen, dass der Heilige Geist Person ist, insofern er als das Subjekt verschiedener Handlungen auftritt: Er ist es, der bei den Jüngern bleibt und in ihnen ist (vgl. Joh 14,17); der kommt, aufdeckt, hört, redet, verkündet, in die ganze Wahrheit führt und Jesus verherrlicht (vgl. Joh 16,7-13); der Zeugnis ablegt (vgl. Joh 15,26) und der gesandt wird (vgl. Joh 14,26; 15,26; 16;17).

DER VATER, DER SOHN UND DER HEILIGE GEIST SIND DREI GÖTTLICHE PERSONEN

DIE GOTTHEIT DES VATERS

Der Vater wird im Neuen Testament und damit im christlichen Glauben mit dem Gott Israels im Alten Testament gleichgesetzt. Besonders deutlich wird dies im vierten Kapitel der *Apostelgeschichte*. Dort lesen wir, dass nach der Freilassung von Petrus und Johannes durch den Hohen Rat die ganze Gemeinschaft zu Gott betete und sprach: „Herr, du hast den Himmel, die Erde und das Meer geschaffen und alles, was dazugehört [...]. Wahrhaftig, verbündet haben sich in dieser Stadt gegen DEINEN heiligen Knecht *[SOHN]*[24] Jesus, den du gesalbt hast, Herodes und Pontius Pilatus mit den Heiden und den Stämmen Israels" (Apg 4,24-27).

Das Possessivpronomen „deinen" aus Vers 27 weist darauf hin, dass Gott einen Sohn namens Jesus hat. Deshalb muss dieser Gott Gott der Vater sein. In Vers 24 wird dieser selbe Gott zudem als der Schöpfergott des Alten Testaments identifiziert.

DIE GOTTHEIT DES SOHNES

Eine alttestamentliche und sechs neutestamentliche Stellen belegen unmissverständlich, dass Christus Gott ist:

> Denn uns ist ein Kind geboren, ein Sohn ist uns geschenkt. Die Herrschaft liegt auf seiner Schulter; man nennt ihn: Wunder-

---

[24] In vielen Übersetzungen heißt es nicht „Knecht", sondern „Sohn".

barer Ratgeber, **STARKER GOTT**, Vater in Ewigkeit, Fürst des Friedens (Jes 9,5).

Sie sind Israeliten; damit haben sie die Sohnschaft, die Herrlichkeit, die Bundesordnungen, ihnen ist das Gesetz gegeben, der Gottesdienst und die Verheißungen, sie haben die Väter und dem Fleisch nach entstammt ihnen der Christus, der über allem als **GOTT** steht, er ist GEPRIESEN in Ewigkeit. Amen (Röm 9,4-5).

Im Anfang war das Wort, und DAS **WORT** WAR BEI **GOTT**, und das Wort war Gott. Im Anfang war es bei Gott. Alles ist durch das Wort geworden und ohne das Wort wurde nichts, was geworden ist. In ihm war das Leben und das Leben war das Licht der Menschen. Und das Licht leuchtet in der Finsternis und die Finsternis hat es nicht erfaßt (Joh 1,1-5).

Niemand hat Gott je gesehen. Der Einzige, DER **GOTT** IST und am Herzen des Vaters ruht, er hat Kunde gebracht (Joh 1,18).

Acht Tage darauf waren seine Jünger wieder versammelt und Thomas war dabei. Die Türen waren verschlossen. Da kam Jesus, trat in ihre Mitte und sagte: Friede sei mit euch! Dann sagte er zu Thomas: Streck deinen Finger aus – hier sind meine Hände! Streck deine Hand aus und leg sie in meine Seite und sei nicht ungläubig, sondern gläubig! Thomas antwortete ihm: **MEIN HERR UND MEIN GOTT!** Jesus sagte zu ihm: Weil du mich gesehen hast, glaubst du. Selig sind, die nicht sehen und doch glauben (Joh 20,26-29).

Wir wissen aber: Der Sohn Gottes ist gekommen und er hat uns Einsicht geschenkt, damit wir (Gott) den Wahren erkennen. Und wir sind in diesem Wahren, in seinem Sohn Jesus Christus. **ER IST DER WAHRE GOTT** und das ewige Leben (1 Joh 5,20).

Denn die Gnade Gottes ist erschienen, um alle Menschen zu retten. Sie erzieht uns dazu, uns von der Gottlosigkeit und den irdischen Begierden loszusagen und besonnen, gerecht und fromm in dieser Welt zu leben, während wir auf die selige Erfüllung unserer Hoffnung warten: auf das Erscheinen der Herrlichkeit unseres **GROSSEN GOTTES** und Retters Christus Jesus. Er hat sich für uns hingegeben, um uns von aller Schuld zu erlösen und sich ein reines Volk zu schaffen, das ihm als sein besonderes Eigentum gehört und voll Eifer danach strebt, das Gute zu tun (Tit 2,11-14).

Man könnte einwenden, dass diese Worte nicht von Jesus selbst stammen und dass er selbst nie ausdrücklich gesagt hat: „Ich, Jesus von Nazareth, bin Gott." Das stimmt. Wenn wir die Evangelien jedoch aufmerksam lesen, werden wir feststellen, dass Jesus sehr wohl gesagt hat, dass er Gott ist, und zwar klar und eindeutig. So klar und eindeutig, dass seine Feinde ihn genau verstanden haben und ihn deswegen töten wollten.

Das Johannesevangelium erzählt uns im letzten Vers des achten Kapitels, dass die Juden Steine aufhoben, um sie auf Jesus zu werfen. Dasselbe geschieht in Kapitel zehn, als Jesus erklärt, dass er und der Vater eins sind: „Da hoben die Juden wiederum Steine auf, um ihn zu steinigen. Jesus hielt ihnen entgegen: Viele gute Werke habe ich im Auftrag des Vaters vor euren Augen getan. Für welches dieser Werke wollt ihr mich steinigen? Die Juden antworteten ihm: Wir steinigen dich nicht wegen eines guten Werkes, sondern wegen Gotteslästerung; *DENN DU BIST NUR EIN MENSCH UND MACHST DICH SELBST ZU GOTT.*" Hier wiederholt sich, was Johannes schon in 5,18 gesagt hatte: Sie wollten ihn töten, „weil er nicht nur den Sabbat brach, sondern auch Gott seinen Vater nannte und *SICH DAMIT GOTT GLEICHSTELLTE.*"

Weil er sich Gott gleichstellte, verfolgen, verurteilen und töten sie ihn. Beim Prozess gegen Jesus wird dies mehr als deutlich:

> Darauf sagte der Hohepriester zu ihm: Ich beschwöre dich bei dem lebendigen Gott, sag uns: Bist du der Messias, der Sohn Gottes? Jesus antwortete: Du hast es gesagt. Doch ich erkläre euch: Von nun an werdet ihr den Menschensohn zur Rechten der Macht sitzen und auf den Wolken des Himmels kommen sehen. Da zerriß der Hohepriester sein Gewand und rief: Er hat Gott gelästert! Wozu brauchen wir noch Zeugen? Jetzt habt ihr die Gotteslästerung selbst gehört. Was ist eure Meinung? Sie antworteten: Er ist schuldig und muß sterben (Mt 26,63-66).

Seine „Gotteslästerung" besteht nicht darin, dass er sich zum Messias erklärt, sondern darin, dass er Gottes Rang und Würde für sich beansprucht. Die Aussage, er sitze zur Rechten des Allmächtigen, bedeutete für einen Juden, dass er sich dieselbe Macht und Herrlichkeit zusprach wie dem Allmächtigen – mit anderen Worten: dass er sich Gott gleichstellte.

III. Kapitel – Die Dreifaltigkeit in der Heiligen Schrift

Bisher haben wir uns mit denjenigen Stellen aus der Bibel befasst, die direkt erklären, dass Jesus Gott ist. Wir haben außerdem gesehen, dass die Feinde Jesu ihn kreuzigten, weil sie ganz genau verstanden hatten, dass er sich selbst als Gott bezeichnete. Damit haben wir die Gottheit des Sohnes bereits hinreichend bewiesen. Dennoch kommt diese christliche Lehre in der Bibel auch noch in anderen Formen vor. Um das zu erkennen, muss man die Bibel jedoch mit der Mentalität eines Juden lesen, der zur Zeit Jesu gelebt hat.

Für die Zeitgenossen Jesu galten das Gesetz, der Tempel und der Sabbat als absolut unangreifbare, weil von Gott selbst eingesetzte Institutionen. Gott selbst hatte das Gesetz niedergeschrieben,[25] den Bau des Tempels in Auftrag gegeben und die Heiligung des Sabbats befohlen:[26] Deshalb war auch nur Gott selbst über diese Einrichtungen erhaben und imstande, etwas daran zu ändern. Jesus jedoch wagt es, sich über sie zu stellen:

- Er stellt sich insofern über das Gesetz, als er beginnt, es zu verändern und zu ergänzen. „IHR HABT GEHÖRT, daß zu den Alten gesagt worden ist: Du sollst nicht töten; wer aber jemand tötet, soll dem Gericht verfallen sein. ICH ABER SAGE EUCH: Jeder, der seinem Bruder auch nur zürnt, soll dem Gericht verfallen sein …" (Mt 5,21-22).

---

[25] „Diese Worte [die zehn Gebote] SAGTE DER HERR auf dem Berg zu eurer vollzähligen Versammlung, mitten aus dem Feuer, aus Wolken und Dunkel, unter lautem Donner, diese Worte und sonst nichts. Er SCHRIEB SIE auf zwei Steintafeln und übergab sie mir" (Dtn 5,22).
[26] „Der Herr sprach zu Mose: Sag den Israeliten: Ihr sollt meine Sabbate halten; denn das ist ein Zeichen zwischen mir und euch von Generation zu Generation, damit man erkennt, dass ich, der Herr, es bin, der euch heiligt. Darum haltet den Sabbat; denn er soll euch heilig sein" (Ex 31,12-14).

- Er stellt sich insofern über den Sabbat, als er Dinge tut, die am Sabbat verboten waren, wie etwa die Heilung einer verkrüppelten Frau.[27] Und als man ihn deswegen zur Rede stellt, bezeichnet Jesus sich obendrein als Herrn über den Sabbat.[28]

- Er stellt sich insofern über den Tempel, als er nicht nur dessen Zerstörung ankündigt, sondern zudem erklärt, dass der Tempel nicht mehr notwendig sein wird: „Glaube mir, Frau, die Stunde kommt, zu der ihr weder auf diesem Berg noch in Jerusalem den Vater anbeten werdet. [...] Aber die Stunde kommt und sie ist schon da, zu der die wahren Beter den Vater anbeten werden im Geist und in der Wahrheit" (Joh 4,21-22).

Für die Juden war dies alles ein Skandal. Gott hatte ihnen das Gesetz gegeben, er hatte die Sabbatvorschriften aufgestellt, und er hatte auch den Tempel als Ort der Begegnung zwischen sich und seinem Volk etabliert. Dadurch, dass er dies alles veränderte, maßte Jesus sich an, Gott zu korrigieren, doch das steht nur Gott selber zu. Nur Gott kann sich selbst korrigieren. Mit anderen Worten: Jesus nahm ein göttliches Vorrecht für sich in Anspruch.

Dasselbe gilt für die Vergebung der Sünden. Eine Sünde ist ein Vergehen gegen Gott, und deshalb kann nur Gott Sünden vergeben.

---

[27] „Am Sabbat lehrte Jesus in einer Synagoge. Dort saß eine Frau, die seit achtzehn Jahren krank war, weil sie von einem Dämon geplagt wurde; ihr Rücken war verkrümmt und sie konnte nicht mehr aufrecht gehen. Als Jesus sie sah, rief er sie zu sich und sagte: Frau, du bist von deinem Leiden erlöst. Und er legte ihr die Hände auf. Im gleichen Augenblick richtete sie sich auf und pries Gott. Der Synagogenvorsteher aber war empört darüber, dass Jesus am Sabbat heilte, und sagte zu den Leuten: Sechs Tage sind zum Arbeiten da. Kommt also an diesen Tagen und lasst euch heilen, nicht am Sabbat!" (Lk 13,10-14).
[28] „Denn der Menschensohn ist Herr über den Sabbat" (Mt 12,8).

III. Kapitel – Die Dreifaltigkeit in der Heiligen Schrift

Indem er Sünden vergibt, sagt Jesus, dass er Gott ist. Und genau so verstanden ihn auch die Gesetzeslehrer.

> Als Jesus ihren Glauben sah, sagte er zu dem Gelähmten: Mein Sohn, deine Sünden sind dir vergeben! Einige Schriftgelehrte aber, die dort saßen, dachten im Stillen: Wie kann dieser Mensch so reden? Er lästert Gott. **WER KANN SÜNDEN VERGEBEN AUSSER DEM EINEN GOTT?** Jesus erkannte sofort, was sie dachten, und sagte zu ihnen: Was für Gedanken habt ihr im Herzen? Ist es leichter, zu dem Gelähmten zu sagen: Deine Sünden sind dir vergeben!, oder zu sagen: Steh auf, nimm deine Tragbahre und geh umher? Ihr sollt aber erkennen, daß der Menschensohn die Vollmacht hat, hier auf der Erde Sünden zu vergeben. Und er sagte zu dem Gelähmten: Ich sage dir: Steh auf, nimm deine Tragbahre, und geh nach Hause! (Mk 2,5-11).

Kommen wir zu einer letzten Art und Weise, wie Jesus seine Gottheit kundtut. Das Alte Testament enthält Symbole und Titel, die ausschließlich dem Gott Israels zustehen. So verfasste König David um das Jahr 1000 v. Chr. zum Beispiel einen Psalm, in dem er Gott als Hirten bezeichnet (Ps 23).[29] Seither wussten alle Israeliten, dass Gott – und Gott allein – der Hirt ihres Volkes ist. In Psalm 27 heißt es, dass Gott das Licht ist.[30] Und Psalm 78 spricht vom Manna, dem Brot der Engel.[31]

---

[29] „Der Herr ist mein Hirte, nichts wird mir fehlen. Er läßt mich lagern auf grünen Auen und führt mich zum Ruheplatz am Wasser. Er stillt mein Verlangen; er leitet mich auf rechten Pfaden, treu seinem Namen" (Ps 23,1-3).
[30] „Der Herr ist mein Licht und mein Heil: Vor wem sollte ich mich fürchten?" (Ps 27,1).
[31] „Dennoch gebot er den Wolken droben und öffnete die Tore des Himmels. Er ließ Manna auf sie regnen als Speise, er gab ihnen Brot vom Himmel. Da aßen die Menschen Wunderbrot; Gott gab ihnen Nahrung in Fülle" (Ps 78,23-25).

Nun finden sich im Johannesevangelium Episoden, wo Jesus diese göttlichen Symbole und Titel auf sich selbst anwendet. Er sagt: „Ich bin der gute Hirt" (Joh 10,11); „Ich bin das Licht der Welt" (Joh 8,12); „Ich bin das lebendige Brot, das vom Himmel herabgekommen ist. Wer von diesem Brot ißt, wird in Ewigkeit leben" (Joh 6,51). Auf den ersten Blick mögen diese Sätze ganz harmlos oder vielleicht bloß symbolisch wirken, doch vor dem Hintergrund der damaligen jüdischen Mentalität können wir schlussfolgern, dass Jesus mit jeder dieser Aussagen kategorisch erklärt hat, dass er Gott ist. Er hat gesagt: „Ich bin Gott." Und genau so ist die Botschaft auch bei seinen Feinden angekommen. Deshalb wollten sie ihn töten.

Auch mit den Worten „Ich bin" hat Jesus nicht einfach die erste Person Singular Indikativ Präsens des Verbs sein gebildet. Ich-bin heißt auf Hebräisch Jahwe, und das ist der heilige Name Gottes. Wie wir gesehen haben, stimmt jedes der damit kombinierten Prädikatsnomina mit einem Titel überein, der im Alten Testament dem Gott Israels eigen und ausschließlich ihm vorbehalten war. Überdies kennt das Hebräische nicht den Unterschied zwischen „sein" und „da sein". Während Jesus also in unseren Ohren hier lediglich eine nähere Bestimmung vornimmt, hörten die Juden zu seiner Zeit ihn in Wirklichkeit sagen: „Jahwe, der gute Hirt (oder das Licht oder das Lebensbrot) Israels, ist da, er steht hier vor euch."[32]

---

[32] Vgl. Sara de Jesús und Sonia González, Cristo, ¿La Gran Verdad o sólo mentira?, Madrid (VOZDEPAPEL) 2005, S. 100-101.

Die Gottheit des Heiligen Geistes

Die Evangelien erwähnen nirgends, dass der Heilige Geist Gott ist. Der Grund dafür ist einfach. Die Evangelien wurden geschrieben, damit wir an Jesus glauben:

> Noch viele andere Zeichen, die in diesem Buch nicht aufgeschrieben sind, hat Jesus vor den Augen seiner Jünger getan. **Diese aber sind aufgeschrieben, damit ihr glaubt, dass Jesus der Messias ist, der Sohn Gottes,** und damit ihr durch den Glauben das Leben habt in seinem Namen (Joh 20,30-31).

Deshalb sprechen die Schriften des Neuen Testaments direkt über Jesus und nur indirekt über den Heiligen Geist. Dennoch kann man, auch wenn das Neue Testament ihn nicht Gott nennt, dennoch schlussfolgern, dass der Heilige Geist eine göttliche Person ist, weil er das Subjekt von Handlungen ist, die nur Gott zugeschrieben werden können. Das liegt daran, dass Sein und Wirken sehr eng miteinander zusammenhängen. Ein philosophischer Grundsatz besagt, dass das Wirken aus dem Sein folgt. Gleichzeitig offenbart das Wirken jedoch das Sein. Ein guter Freund zum Beispiel erweist sich durch seine Handlungen. Wenn er großzügig ist, wird er vielen Menschen helfen. Und je besser wir ihn kennen, desto besser verstehen wir seine Handlungsweise. Wenn unser Freund beschließt, sein Leben Gott zu weihen, werden wir seine Entscheidung verstehen, weil wir wissen, dass er ein großzügiger Mensch ist, der sich bemüht, den Willen Gottes zu tun.

Dasselbe Prinzip lässt sich auch auf den Heiligen Geist anwenden. Wir kennen ihn nicht so gut, weil die Bibel nicht direkt von ihm spricht. Was wir aber aus der Bibel über ihn erfahren, ist, dass er Dinge tut, die nur Gott tun kann, und daraus können wir schließen, dass auch er Gott ist. Sehen wir uns einige Beispiele an:

- Der Heilige Geist macht uns heilig und gerecht:

> Im ersten Korintherbrief sagt uns der heilige Paulus, dass der Heilige Geist uns von unseren Sünden reinwäscht, uns heiligt und uns gerecht macht: „Täuscht euch nicht! Weder Unzüchtige noch Götzendiener, weder Ehebrecher noch Lustknaben, noch Knabenschänder, noch Diebe, noch Habgierige, keine Trinker, keine Lästerer, keine Räuber werden das Reich Gottes erben. Und solche gab es unter euch. Aber ihr seid rein gewaschen, seid geheiligt, seid gerecht geworden im Namen Jesu Christi, des Herrn, und im Geist unseres Gottes" (1 Kor 6,9-11).

Wir haben im vorigen Abschnitt bereits gesehen, dass nur Gott uns reinwaschen und uns unsere Sünden vergeben kann. Ebenso kann nur Gott uns heiligen und gerecht machen. Heiligen heißt auf Griechisch *hagiázein*, und das bedeutet wörtlich übersetzt „trennen" oder *„gesondert aufstellen"*. Wenn Gott eine Sache, eine Stätte oder eine Person heiligt, dann ist dies ein souveräner Akt, mit dem er ihr eine besondere Stellung verleiht, damit sich sein Plan erfüllt.

- Der Heilige Geist wird uns helfen, die Dinge Gottes zu erkennen:

> Vielmehr verkünden wir das Geheimnis der verborgenen Weisheit Gottes, die Gott vor allen Zeiten vorausbestimmt hat zu unserer Verherrlichung. Keiner der Machthaber dieser Welt hat sie erkannt [...]. Nein, wir verkünden, wie es in der Schrift heißt, *was kein Auge gesehen und kein Ohr gehört hat,* was keinem Menschen in den Sinn gekommen ist: das Große, das Gott denen bereitet hat, die ihn lieben. Denn uns hat es Gott enthüllt durch den Geist. DER GEIST ERGRÜNDET NÄMLICH ALLES, AUCH DIE TIEFEN GOTTES. [...] So erkennt auch keiner Gott – NUR DER GEIST GOTTES. Wir aber haben nicht den Geist der Welt empfangen, sondern DEN GEIST, DER AUS GOTT STAMMT, damit wir das erkennen, was uns von Gott geschenkt worden ist. Davon reden wir auch, nicht mit Worten, wie menschliche Weisheit sie lehrt, sondern wie der Geist sie lehrt, indem wir den Geisterfüllten das Wirken des Geistes deuten. Der irdisch gesinnte Mensch aber läßt sich nicht auf das ein, was vom Geist Gottes kommt. Torheit ist es für ihn, und er kann es nicht verstehen, weil es nur mit Hilfe des Geistes beurteilt werden kann. Der geisterfüllte Mensch urteilt über alles, ihn aber vermag niemand zu beurteilen. *Denn wer begreift den Geist des Herrn? Wer kann ihn belehren?* Wir aber haben den Geist Christi (1 Kor 2,7-15).

In diesem Abschnitt sagt uns der heilige Paulus, dass der Heilige Geist die Weisheit Gottes offenbart; er ergründet die Tiefen Gottes; er erkennt Gott; er stammt aus Gott. Nur Gott kann Gott erkennen, denn – und auch das lehrt uns der heilige Paulus – uns Menschen kommt das, was Gott für uns bereithält, nicht einmal in den Sinn.

An einer anderen Stelle sagt Jesus uns, dass der Heilige Geist uns in die ganze Wahrheit führen wird,[33] und nur Gott kann die ganze Wahrheit kennen.

- Der Heilige Geist geht aus dem Vater hervor:

> Wenn aber der Beistand kommt, den ich euch vom Vater aus senden werde, der Geist der Wahrheit, der VOM VATER AUSGEHT, dann wird er Zeugnis für mich ablegen (Joh 15,26).

- Er macht uns zu Kindern Gottes und damit zu Erben Gottes und Miterben Christi:

> Denn alle, die sich vom Geist Gottes leiten lassen, sind Söhne Gottes. Denn ihr habt nicht einen Geist empfangen, der euch zu Sklaven macht, so daß ihr euch immer noch fürchten müsstet, sondern IHR HABT DEN GEIST EMPFANGEN, DER EUCH ZU SÖHNEN MACHT, den Geist, in dem wir rufen: Abba, Vater! So bezeugt der Geist selber unserem Geist, daß wir Kinder Gottes sind. Sind wir aber Kinder, dann auch Erben; wir sind Erben Gottes und sind Miterben Christi (Röm 8,14-17).

Neben diesem Wirken des Heiligen Geistes, das sein tiefstes Wesen enthüllt, gibt es noch weitere Hinweise darauf, dass er Gott ist. Als Jesus den Aposteln ankündigt, dass er zum Vater gehen wird, sagt er ihnen, dass dies gut für sie sei, weil er ihnen den Heiligen Geist

---

[33] „Wenn aber jener kommt, der Geist der Wahrheit, wird er euch in die ganze Wahrheit führen"(Joh 16,13).

senden wird. Wäre der Heilige Geist nicht Gott, sondern ein Gott untergeordnetes Wesen, ergäbe diese Aussage keinen Sinn, denn dann wäre es doch besser, wenn Jesus bei uns geblieben wäre, statt uns ein untergeordnetes Wesen zu senden.

> Doch ich sage euch die Wahrheit: Es ist gut für euch, daß ich fortgehe. Denn wenn ich nicht fortgehe, wird der Beistand nicht zu euch kommen; gehe ich aber, so werde ich ihn zu euch senden (Joh 16,7).

DER VATER, DER SOHN UND DER HEILIGE GEIST SIND VOLLKOMMEN EINS UND DESHALB EIN EINZIGER GOTT

> Geht zu allen Völkern und macht alle Menschen zu meinen Jüngern; tauft sie AUF DEN NAMEN des Vaters und des Sohnes und des Heiligen Geistes (Mt 28,19).

Wir sind nicht auf die Namen, sondern auf den Namen des Vaters und des Sohnes und des Heiligen Geistes getauft, weil es nur einen Gott gibt: die Allerheiligste Dreifaltigkeit.

> Ich und der Vater sind EINS (Joh 10,30).

> Alle sollen eins sein: WIE DU, VATER, IN MIR BIST UND ICH IN DIR BIN (Joh 17,21).

> Amen, amen, ich sage euch: Der Sohn kann nichts von sich aus tun, sondern nur, wenn er den Vater etwas tun sieht. Was näm-

lich der Vater tut, das tut in gleicher Weise der Sohn (Joh 5,19). Jesus antwortete ihm: Schon so lange bin ich bei euch und du hast mich nicht erkannt, Philippus? Wer mich gesehen hat, hat den Vater gesehen. Wie kannst du sagen: Zeig uns den Vater? Glaubst du nicht, daß ich im Vater bin und daß der Vater in mir ist? Die Worte, die ich zu euch sage, habe ich nicht aus mir selbst. Der Vater, der in mir bleibt, vollbringt seine Werke. Glaubt mir doch, DASS ICH IM VATER BIN UND DASS DER VATER IN MIR IST; wenn nicht, glaubt wenigstens aufgrund der Werke! (Joh 14,9-11).

Anhand dieser Stellen wird deutlich, dass die Evangelien die Einheit von Vater und Sohn lehren. Diese Einheit betrifft das Sein („Ich und der Vater SIND eins") und nicht nur den Willen.

Und der Heilige Geist? Wie schon gesagt, wurden die Evangelien geschrieben, damit wir an Jesus glauben. Sie sprechen direkt über Jesus und nur indirekt über den Heiligen Geist. Deshalb finden wir darin keine Stellen, die mit derselben Deutlichkeit über die Einheit des Heiligen Geistes mit dem Vater und dem Sohn sprechen. Dennoch können wir uns diese Einheit erschließen, wenn wir erneut das Prinzip anwenden, dass das Wirken aus dem Sein folgt. Wenn wir analysieren, was die Evangelien über das Wirken Gottes erzählen, werden wir sehen, dass die drei Personen der Allerheiligsten Dreifaltigkeit in ihrem Wirken eins sind und dass diese Einheit im Wirken ihre tiefere Einheit im Sein offenbart.

Die Menschwerdung *Jesu* vollzieht sich durch den **Heiligen Geist** und die Kraft des Höchsten (vgl. Lk 1,30-35).
Der **Geist** führt *Jesus* in die Wüste (vgl. Lk 4,1-2.14).

Wenn wir *Jesus* lieben und ihm gehorchen, wird er den Vater bitten, uns den Heiligen Geist zu senden (vgl. Joh 14,15-16).

Jesus wird den **Heiligen Geist** senden, der vom **Vater** ausgeht. Der **Geist** wird Zeugnis für ihn ablegen (vgl. Joh 15, 26-26).

„Nein, wir verkündigen, wie es in der Schrift heißt, *was kein Auge gesehen und kein Ohr gehört hat*, was keinem Menschen in den Sinn gekommen ist: das Große, das Gott denen bereitet hat, die ihn lieben. Denn uns hat es **Gott** enthüllt durch den **Geist**" (1 Kor 2,9-10).

Jesus betet zum **Vater**, ehe er die Apostel erwählt (vgl. Lk 6, 12-13).

Jesus verkündet nur, was ihn der **Vater** gelehrt hat, und der Vater ist immer bei ihm, weil er immer tut, was ihm gefällt (vgl. Joh 8,28.29).

„Darum erkläre ich euch: Keiner, der aus dem **Geist Gottes** redet, sagt: *Jesus* sei verflucht! Und keiner kann sagen: Jesus ist der Herr!, wenn er nicht aus dem Heiligen Geist redet" (1 Kor 12,3).

„Viele Male und auf vielerlei Weise hat **GOTT** einst zu den Vätern gesprochen durch die Propheten; in dieser Endzeit aber hat er zu uns gesprochen durch den **SOHN**, den er zum Erben des Alls eingesetzt und durch den er auch die Welt erschaffen hat; er ist der Abglanz seiner Herrlichkeit und das Abbild seines Wesens; er trägt das All durch sein machtvolles Wort, hat die Reinigung von den Sünden bewirkt und sich dann zur Rechten der Majestät in der Höhe gesetzt" (Hebr 1,1-4).

„Als aber die Zeit erfüllt war, sandte **GOTT** seinen **SOHN**, geboren von einer Frau und dem Gesetz unterstellt, damit er die freikaufe, die unter dem Gesetz stehen, und damit wir die Sohnschaft erlangen. Weil ihr aber Söhne seid, sandte Gott den **GEIST** seines **SOHNES** in unser Herz, den Geist, der ruft: Abba, **VATER**. Daher bist du nicht mehr Sklave, sondern Sohn; bist du aber Sohn, dann auch Erbe, Erbe durch Gott" (Gal 4,4-7).

„Die Gnade *JESU CHRISTI*, des Herrn, die Liebe **GOTTES** und die Gemeinschaft des **HEILIGEN GEISTES** sei mit euch allen!" (2 Kor 13,13).

SCHLUSSFOLGERUNG

Auch wenn das Wort „Dreifaltigkeit" in der Heiligen Schrift nicht vorkommt, wurzelt der Glaube an den dreifaltigen Gott, wie wir gezeigt haben, dennoch in der Bibel. In den Evangelien sehen wir, wie

Christus seinen Aposteln diese große Wahrheit Schritt für Schritt näherbringt. Zuerst lehrte er sie, ihn als den ewigen Sohn Gottes anzuerkennen. Gegen Ende seines Erdenlebens verhieß er ihnen eine weitere göttliche Person, die der Vater ihnen senden würde. Und nach seiner Auferstehung offenbarte er ihnen diese Lehre ausdrücklich, als er ihnen den Auftrag gab, alle Menschen zu seinen Jüngern zu machen und „sie auf den Namen des Vaters und des Sohnes und des Heiligen Geistes" zu taufen (Mt 28,19).

IV. Kapitel

Entwicklung der Lehre des Dogmas

IV. Kapitel – Entwicklung der Lehre des Dogmas

Die Frage, wie die Kirche ihren Glauben an die Dreifaltigkeit erklärt, beantwortet der katholische Katechismus wie folgt:

> Die Kirche drückt ihren Glauben an die Dreifaltigkeit aus, indem sie einen einzigen Gott in drei Personen bekennt: Vater, Sohn und Heiliger Geist. Die drei göttlichen Personen sind ein einziger Gott, denn jede von ihnen ist mit der Fülle der einzigen und unteilbaren göttlichen Natur identisch. Sie sind real voneinander verschieden durch die gegenseitigen Beziehungen: Der Vater zeugt den Sohn, der Sohn wird vom Vater gezeugt, der Heilige Geist geht aus dem Vater und dem Sohn hervor.[34]

Wenn wir in der Heiligen Messe das Große Glaubensbekenntnis (Nizänisches Credo) beten, bekennen wir unseren Glauben an den „einen Herrn Jesus Christus, Gottes eingeborenen Sohn, aus dem Vater geboren vor aller Zeit: Gott von Gott, Licht vom Licht, wahrer Gott vom wahren Gott, gezeugt, nicht geschaffen, eines Wesens mit dem Vater".

Die Kirche drückt den Glauben an die Dreifaltigkeit Gottes mit neuen Formulierungen und Begriffen aus. Sie spricht von „wesensgleich", von „drei göttlichen Personen in einem Gott" oder von „gegenseitigen Beziehungen". Alle drei Ausdrücke kommen ebenso wie das Wort „Dreifaltigkeit" in der Bibel selbst nicht vor. Wie im vorigen Kapitel gezeigt wurde, finden wir in der Bibel nur folgende Aussagen:
- Vater, Sohn und Heiliger Geist sind drei verschiedene Personen.
- Vater, Sohn und Heiliger Geist sind drei göttliche Personen.

---

[34] Katechismus der Katholischen Kirche: Kompendium, Nr. 48.

- Vater, Sohn und Heiliger Geist werden zwar als Personen unterschieden, sind aber dennoch vollkommen eins und deshalb ein einziger Gott.

Einige haben die neue Terminologie mit dem Argument kritisiert, dass die Kirche den Glauben in menschliche Begriffe presse. Der Katechismus hält diesen Kritikern jedoch Folgendes entgegen:

> Um das Trinitätsdogma zu formulieren, mußte die Kirche mit Hilfe von Begriffen aus der Philosophie – 'Substanz', 'Person' [...], 'Beziehung' – eine geeignete Terminologie entwickeln. Dadurch unterwarf sie den Glauben nicht menschlicher Weisheit, sondern gab diesen Begriffen einen neuen, noch nicht dagewesenen Sinn, damit sie imstande wären, das unaussprechliche Mysterium auszudrücken (KKK, Nr. 251).

Wie is es zu dieser neuen Art über das trinitarische Geheimnis zu sprechen gekommen ist, wollen wir uns nun anschauen.

Welche Ursachen führten zur Formulierung des Dogmas von der Dreifaltigkeit Gottes?

In den ersten Jahrhunderten sah die Kirche sich vor die Notwendigkeit gestellt, ihren Glauben an die Dreifaltigkeit Gottes klarer zu formulieren. Hierfür gab es drei Gründe:

- Das Christentum war aus dem Judentum hervorgegangen, das einen strengen Monotheismus lehrte. Daher mussten die

Christen erklären, warum ihr trinitarischer Glaube zugleich etwas Neues war, aber dennoch als monotheistisch gelten konnte.

- Das Christentum musste auch innerhalb der Kirche den apostolischen Glauben gegen entstellende Irrtümer verteidigen.

- Die Christen selbst empfanden das Bedürfnis, ihren Glauben genauer verstehen zu wollen, um ihn besser leben zu können.

Die Lösung war gleichsam ein Kompromiss: Die ersten Christen behielten den strikten Monotheismus der Juden bei, sprachen jedoch zugleich von „drei göttlichen Personen". Der scheinbare Widerspruch, wie sich die Existenz der drei göttlichen Personen mit dem Monotheismus vereinbaren ließ, war in der Folgezeit eines der größten gedanklichen Probleme, das in der menschlichen Ideengeschichte zu lösen war.

Die Kirche brauchte Jahrhunderte, um die Einzigkeit Gottes und die Frage der Unterschiedlichkeit der göttlichen Personen miteinander zu versöhnen. Als Antwort setzte sich schließlich durch, dass in Gott zwar eine Vielheit von „Personen" existiert, jedoch Gott nur eine einzige „Substanz" ist.[35]

---

[35] „Die Kirche verwendet den Begriff 'Substanz' (zuweilen auch mit 'Wesen' oder 'Natur' wiedergegeben), um das göttliche Wesen in seiner Einheit zu bezeichnen; den Begriff 'Person' oder 'Hypostase', um den Vater, den Sohn und den Heiligen Geist in ihrer realen Verschiedenheit voneinander zu bezeichnen; den Begriff 'Beziehung', um zu sagen, daß ihre Verschiedenheit in ihren gegenseitigen Beziehungen liegt" (KKK, Nr. 252).

Warum der Prozess, in dessen Verlauf diese Formulierung entstand, Jahrhunderte währte, liegt wohl daran, dass es an geeigneten Vorstellungen und Begriffen fehlte. Manche philosophischen Konzepte waren noch gar nicht vorhanden, andere mussten in jahrhundertelangem Nachdenken erst weiterentwickelt werden. Diese Entwicklung der wichtigsten Begriffe, die zum trinitarischen Dogma führten, wollen wir in ihren wichtigsten Stationen nachzeichnen.

DIE ERSTEN CHRISTEN

Vereinfacht gesagt, haben schon die ersten Christen im 1. Jahrhundert an die Dreifaltigkeit geglaubt, obwohl sie dafür keine passenden Worte fanden. Eine genaue Erklärung war für sie weniger wichtig, weil es bei ihnen eher auf den gelebten Glauben ankam, der aus der persönlichen Begegnung mit dem gestorbenen und auferstandenen Christus erwuchs. Diese Begegnung mit dem lebendigen Jesus brachte die neue Lebensweise, den „neuen Weg" hervor, sich genau an die Lehren des Herrn zu halten.

Ohne allzu viele Fragen zu stellen, taten die Jünger einfach das, was Jesus ihnen aufgetragen hatte: Sie machten sich bald nach dem Pfingstereignis in die ganze Welt auf, um die frohe Botschaft des Evangeliums zu verkünden und im Namen des Vaters, des Sohnes und des Heiligen Geistes zu taufen (vgl. Mt 28,19). Deshalb kann man sagen, dass sich der Dreifaltigkeitsglaube der Urgemeinde eher in ihrem Leben und in der Praxis der Taufe als in Theorien und schriftlichen Abhandlungen widerspiegelte.

IV. Kapitel – Entwicklung der Lehre des Dogmas

Ein gutes Beispiel hierfür ist die Lehre der zwölf Apostel, die „Didache".[36] Diese Schrift beschreibt den Ritus der Taufe im Namen des Vaters, des Sohnes und des Heiligen Geistes, ohne seine Bedeutung näher zu erklären:

> Betreffs der Taufe aber: Tauft so: Nachdem ihr dies alles zuvor gesagt habt, tauft auf den Namen des Vaters und des Sohnes und des Heiligen Geistes mit lebendigem (= fließendem) Wasser. Wenn du aber kein lebendiges Wasser hast, taufe in anderem Wasser. Wenn du aber nicht in kaltem Wasser (taufen) kannst, (dann) in warmem. Wenn du aber beides nicht hast, dann gieße auf den Kopf dreimal Wasser auf den Namen des Vaters und des Sohnes und des Heiligen Geistes (Didache 7,1-3).

DIE APOSTOLISCHEN VÄTER

„Apostolische Väter" nennt man verschiedene christliche Schriftsteller aus dem ersten und zweiten Jahrhundert, weil man annimmt, dass sie in einer direkten Beziehung zu den Aposteln gestanden oder zumindest direkt ihre Lehren weitergetragen haben. Deshalb geht man davon aus, dass ihre Schriften die Verkündigung der Apostel treu widerspiegeln. Sie stammen aus der Zeit von 70 bis 150 nach Christus. Neben der Didache werden die Schriften der Heiligen

---

[36] Die *Didache*, die sogenannte Lehre der Apostel, ist eine frühchristliche Schrift, wahrscheinlich schon aus der Zeit zwischen 80 und 100 n. Chr. Obwohl sie nicht zum Kanon der Heiligen Schriften gehört, weil sie als ein nicht von Gott inspirierter Text gilt, ist sie ein wichtiges Dokument, das die Denk- und Lebensweise der ersten Christen beschreibt und als authentisches Zeugnis der apostolischen Lehre betrachtet werden kann.

Clemens von Rom, Ignatius von Antiochia und Polykarp von Smyrna zu den Werken der apostolischen Väter gezählt.

Wenn diese Väter in ihren Schriften von der Dreifaltigkeit sprechen, verwenden sie noch weitgehend dieselbe Terminologie wie die biblischen Autoren. Sie erklären, dass es einen einzigen Gott gibt, der der Vater Jesu Christi ist. Jesus ist für sie „der Herr" und der „Sohn Gottes" und über den Heiligen Geist verlieren sie nicht allzu viele Worte, was nicht heißt, dass sie die Gottheit Jesu oder des Heiligen Geistes leugnen würden: Sie begnügen sich einfach nur mit den Formeln, die die Heilige Schrift ihnen an die Hand gibt, nämlich „Herr" und „Sohn Gottes".

Wichtig war den apostolischen Vätern, ihren Glauben an den Vater, den Sohn und den Geist innerhalb und außerhalb der Kirche zu bekennen. Sie sahen sich noch nicht in der Lage, das Geheimnis von der Dreifaltigkeit in geeigneter Weise zu erklären. Wie hätten sie auch der jungen Christenheit erklären sollen, dass verschiedene Personen innerhalb des einen Gottes zu unterscheiden sind? Um solch eine Erklärung bemühten sie sich erst gar nicht, denn ihre Anliegen waren eher pastoraler als theologischer Natur. Sie wollten einfach die Gläubigen dazu zu ermutigen, ihren Glauben zu leben.

DIE CHRISTLICHEN GLAUBENSBEKENNTNISSE UND DIE DOXOLOGIEN

Je mehr die Christenheit jedoch wuchs, desto weniger konnte sie diese Situation befriedigen. Viele Fragen blieben offen und bei der raschen Zunahme der Taufbewerber (Katechumenen) mussten Lösungen gefunden werden, um sie angemessenen auf ihre Taufe vorbereiten zu können. Da von den Taufbewerbern im Allgemeinen erwartet wurde, dass sie sich vor ihrer Taufe öffentlich zu der neuen Religion bekannten, suchten die Verantwortlichen nach einer Lösung des Problems, die Lehre vom Dreifaltigen Gott besser vermitteln zu können. So entwickelten sich aus dem Taufunterricht der Kirche formelartige Kurzfassungen der wichtigsten Glaubensinhalte, die wir „Symbol" oder „Glaubensbekenntnis" (lat. credo) nennen.

Bereits im Neuen Testament lassen sich einige, solcher kurzer Glaubensbekenntnisse auffinden. Beispielsweise erwähnt der hl. Apostel Paulus in seinem ersten Brief an die Gemeinde im griechischen Korinth, dass „Jesus Herr ist". Dieses Credo könne nur sagen, wer vom Heiligen Geist erfüllt sei, betont Paulus (1 Kor 12,3). Ähnlich schreibt der Apostel in seinem Brief an die Gemeinde in Philippi (Phil 2, 11). Das beweist, dass es auch vor der Niederschrift der neutestamentlichen Bücher bereits kurze, zuerst mündliche Formeln gab, die auf die Apostel selbst zurückgingen. Sie bildeten später ein Grundgerüst für die verbindliche Glaubensnorm der Urkirche.[37]

Mit der Zeit wurden diese kurzen Glaubensformeln immer mehr erweitert und nach einem bestimmten Prinzip geordnet. Die Lehre von der Dreifaltigkeit Gottes bildete dabei den Rahmen, um die verschiedenen Kurzbekenntnisse zu gruppieren. So wurden die ersten größeren Glaubensbekenntnisse in drei Teile unterteilt: den ersten für den

---

[37] Der heilige Irenäus schrieb in der Mitte des zweiten Jahrhunderts: „Hätten nämlich die Apostel nichts Schriftliches uns hinterlassen, dann müßte man eben der Ordnung der Tradition folgen, die sie den Vorstehern der Kirchen übergeben haben" (*Adversus haereses*, III, 4, 1).

Vater, den zweiten für den Sohn und den dritten für den Heiligen Geist:
- Ich glaube an den einen Gott, den Vater ...
- Ich glaube an den Sohn, den Herrn ...
- Und an den Heiligen Geist.

Diesen drei Abschnitten fügte man in der Regel eine Schlusswendung hinzu, die sich auf die Kirche bezog, beispielsweise im so genannten Altrömischen Glaubensbekenntnis, dem „Symbolum Apostolicum":[38]

ICH GLAUBE AN GOTT, DEN VATER, DEN ALLMÄCHTIGEN.

UND AN JESUS CHRISTUS, seinen Sohn, den Einziggeborenen, unseren Herrn, der geboren ist aus Heiligem Geist und Maria, der Jungfrau, der unter Pontius Pilatus gekreuzigt und begraben wurde, am dritten Tag auferstand von den Toten, aufstieg in den Himmel, zur Rechten des Vaters sitzt, von dannen er kommen wird, zu richten die Lebenden und die Toten.

UND AN DEN HEILIGEN GEIST,
an die heilige Kirche, die Vergebung der Sünden, des Fleisches Auferstehung, das ewige Leben.

---

[38] Das Symbolum Apostolicum ist das Glaubensbekenntnis der römischen Kirche und enthält die grundlegenden apostolischen, das heißt von den Aposteln übernommenen Glaubenswahrheiten. Der heilige Ambrosius nannte diesen Text Symbolum der Apostel: nicht, weil er, wie es in einer frühen Legende hieß, von den Aposteln verfasst worden wäre, sondern weil er die Glaubensinhalte zusammenfasst, die die Apostel an die Kirche weitergegeben haben. Die hier zitierte Fassung ist die älteste, die wir kennen. Sie findet sich in einem Brief, den Marcellus von Ankyra an Papst Julius I. geschrieben hat, und in dem er mit dem Wortlaut des altrömischen Symbolums als seinen persönlichen Glauben bekennt. Der Brief stammt aus dem Jahr 340 n. Chr., greift jedoch auf einen Text zurück, der viel älter ist.

Dieses Bekenntnis aus der Urchristenheit zeigt, dass Christen schon immer an den Dreifaltigen Gott geglaubt haben.

Die Doxologien sind kurze Verse zum Lob Gottes. Sie heißen so, weil in ihnen das griechische Wort für Ehre, *Dóxa*, enthalten ist. Schon der heilige Paulus benutzt Doxologien in seinen Briefen (Röm 11,36; Gal 1,5; Eph 3,21 usw.). Zunächst richtet sich dieses Lob Gottes nur an den Vater oder durch den Sohn an den Vater: „Ihm, dem einen, weisen Gott, sei Ehre durch Jesus Christus in alle Ewigkeit!" (Röm 16,27).

Mit der Zeit jedoch begann man Hymnen, Lieder und Gebete in Anlehnung an die bei der Taufe verwendeten Glaubensformeln (vgl. Mt 28,19-20) trinitarisch zu gestalten. Die bekannteste Doxologie ist das „Ehre sei dem Vater und dem Sohn und dem Heiligen Geist ...", die wir noch heute beten. Seit dem vierten Jahrhundert ist es in Gebrauch, findet sich jedoch bereits in dem Hymnus *Phoós hilarón* (freudiges Licht) aus dem zweiten oder dritten Jahrhundert.

DIE APOLOGETEN

Mit der Zeit kamen Irrlehren auf, die den Glauben und das Leben der Kirche zu zerstören drohten.[39] Um sich davor zu schützen, genügte es nicht mehr, einfach die neutestamentlichen Formeln zu wiederholen. Man musste den Glauben erklären, um ihn zu verteidigen. Diese Aufgabe übernahmen die Apologeten. Das Wort „Apologet" kommt vom griechischen *Apologia*, und bedeutet Verteidigung. Die Apologeten sind also gewissermaßen Anwälte des christlichen Glaubens.

---

[39] Siehe Kapitel 5.

Während die apostolischen Väter christliche Schriftsteller des ersten und zweiten Jahrhunderts und Seelsorger waren, denen es in erster Linie darum ging, die christliche Lebensweise ihrer Gläubigen zu fördern, schrieben die christlichen Apologeten des zweiten und dritten Jahrhunderts ihre Werke vor allem in der Intention, den Glauben gegen die Irrlehren zu verteidigen. Dabei hatten sie jedoch ein großes Problem: Es gab noch keine christliche Philosophie mit Vorstellungen und Begriffen, die geeignet gewesen wären, den Glauben an die Dreifaltigkeit zu erklären. Die vorherrschende Philosophie der damaligen Zeit war der Neuplatonismus.[40] Um die Dreifaltigkeit zu erklären,

---

[40] Der Neuplatonismus ist ein philosophisches System, das sich zu Beginn des dritten Jahrhunderts als Antwort der heidnischen Welt auf den zunehmenden Einfluss des Christentums entwickelt hatte. Er heißt so, weil er von der Lehre Platons inspiriert ist. Wir wollen hier – ohne jeden Anspruch auf Vollständigkeit, denn das würde den Rahmen dieses Buches sprengen – einige seiner wichtigsten und für unsere Fragestellung relevanten Lehren skizzieren. Aus neuplatonischer Sicht ist Gott die Quelle aller Wirklichkeit. Er ist ein ganz und gar transzendentes Wesen, das auf keine Weise zu unserer Welt in Beziehung tritt, sich allerdings auf gewisse Weise in der Welt spiegelt. Er übersteigt all unsere intellektuellen Fähigkeiten so sehr, dass er für uns unbegreiflich ist. Das Einzige, was wir über Gott aussagen können, ist, dass er das Gute und das Eine ist. Der Gott des Neuplatonismus ist wie der Gott des Christentums ganz und gar Einer. Er muss jedoch auch gut sein, denn wenn er nur Einer wäre, bliebe er ganz in sich selbst verschlossen, und dann gäbe es nichts außer Gott. Güte muss sich ausbreiten wie das Licht. Deshalb geht aus Gott ein untergeordnetes Sein hervor, das Logos oder Intellekt heißt. Der Logos ist das Bild des Einen, ihm ähnlich, doch zugleich verschieden und untergeordnet. Er enthält die Ideen oder Archetypen aller Dinge. Aus diesem Logos geht eine Kette weiterer Emanationen hervor, die schließlich in die Emanation der materiellen Welt einmünden. Für den Neuplatonismus ist die Materie das Nicht-Existente, die Antithese Gottes. Gott ist das Licht, die Materie ist die Finsternis; Gott ist gut, die Materie ist schlecht und die Quelle alles Schlechten; nur Gott ist wirklich, alles Materielle ist bloßer Schein. Der Mensch ist ein Wesen, das sich aus Seele und Leib zusammensetzt. Zu einem Teil ist er spirituell wie Gott, doch zu einem anderen Teil ist er materiell. Die Seele existierte schon vor ihrer Vereinigung mit dem Körper und wird ihn überleben. Um zu Gott zurückzukehren, muss die Seele alles Materielle aus ihrem Sein tilgen, denn das Materielle ist bloßer Schein und Trug. Der erste Schritt besteht darin, sich durch einen Läuterungsprozess von der Welt der Gefühle abzugrenzen. Die von der Materie befreite Seele kann sich selbst betrachten und den Intellekt entdecken, der in ihr wohnt. Aus der Betrachtung dieses Intellekts kann die Seele sich zur Betrachtung des Logos-Intellekts erheben, um schließlich zur Schau des Einen zu gelangen. Dieser letzte Schritt erfordert eine direkte Offenbarung Gottes: gleichsam ein göttliches Licht, das es der Seele erlaubt, Gott selbst zu sehen. Durch diese Schau füllt die Seele sich so sehr mit Gott, dass Bewusstsein und Sinn ganz in ihr erlöschen und sie zu einem Zustand der Ekstase und direkten Einheit mit Gott gelangt.

benutzten die Apologeten daher die Begriffe und Vorstellungen des Neuplatonismus, die sich jedoch letztlich als unzulänglich erwiesen, weil die heidnische Philosophie im Grunde nicht mit dem Christentum zu vereinbaren war.

DER HEILIGE JUSTIN[41]

Für die Auseinandersetzung zwischen den christlichen Apologeten und der heidnischen Philosophie des Neuplatonismus ist der heilige Justin, ein Apologet und Kirchenlehrer des 2. Jahrhunderts, ein gutes Beispiel. Vor seiner Bekehrung zum Christentum hatte er sich mit den verschiedenen heidnischen Philosophien beschäftigt, die er sehr genau kannte. In Anlehnung an den Platonismus vertrat er einen strengen Monotheismus. Er bezeichnete nur den „Vater" als Gott, auch wenn er dem Sohn Jesus göttliche Eigenschaften zuschrieb. Für den heiligen Justin ist der Vater absolut transzendent und nicht erkennbar. Auf Christus wendet er die Logos-Theologie an, die auch im Johannesevangelium genannt wird (der heilige Johannes bezeichnet Jesus als Sohn Gottes mit dem Wort „Logos" oder auch als „Wort des Vaters"). Damit versucht er eine gewisse Synthese von christlicher Theologie und heidnischer Philosophie.

Justin behauptet in seiner Theologie, dass Gott aufgrund seiner absoluten Transzendenz in keiner Weise zur Welt in Beziehung treten

---

[41] Der heilige Justin wurde um 100 n. Chr. im syrischen Flavia Neapolis geboren. Der Sohn heidnischer Eltern beschäftigte sich mit den Philosophien des Heidentums, bis er 130 n. Chr. sich zum Christentum bekehrte. Er verfasste verschiedene Abhandlungen, in denen er den christlichen Glauben verteidigte. Erhalten sind zwei Apologien und der *Dialog mit dem Juden Tryphon*. Im Jahr 165 wurde er gefoltert und enthauptet, weil er sich geweigert hatte, den heidnischen Göttern zu opfern. Daher ist er auch als „Justin, der Märtyrer" bekannt.

könne. Um die Welt zu erschaffen, musste er daher erst seinen Sohn, den Logos, zeugen. Dieser sei im Augenblick der Schöpfung ins Dasein getreten. Mit dem Wort von der „Zeugung des Logos" behauptet Justin damit aber nichts anderes, als dass der Sohn vor der Schöpfung und allen Geschöpfen bei Gott ist. Nirgends sagt er, dass der Logos als ein Geschöpf betrachtet werden müsse. Er verwendet dazu die Standardformulierung von der „Zeugung des Logos in der Schöpfung".[42]

Der heilige Justin hält zwar an der Gottheit des Logos fest, vertritt jedoch in seinen Schriften eine gewisse Unterordnung des Sohnes unter den Vater, was eine Irrlehre, also häretisch wäre. Dieser Irrtum darf jedoch nicht als Anzeichen für einen Mangel an Glauben ausgelegt werden. Der heilige Justin glaubte an die Dreifaltigkeit, scheiterte jedoch aufgrund eines philosophischen Denkfehlers an dem Versuch, sie zutreffender zu erklären.

DER HEILIGE IRENÄUS[43]

Dem heilige Irenäus, einem berühmter Kirchenlehrer und Apologeten aus dem 2. Jahrhundert, verdankt die Christenheit eine tiefergehende Erklärung darüber, warum die Christenheit im Namen der

---

[42] Diese Aussage ist zwar theologisch korrekt, wenn man sie auf das Wirken des dreifaltigen Gottes im Hinblick auf die Schöpfung oder die Heilsgeschichte bezieht; sie ist aber nicht korrekt, wenn man sie dahingehend versteht, dass der Sohn im Schoß der Dreifaltigkeit dem Vater zeitlich nachgeordnet wäre, also später als der Vater existiert hätte.
[43] Der heilige Irenäus wurde zwischen 115 und 142 n. Chr. in Asien geboren, war Priester und später Bischof in der französischen Stadt Lyon. Berühmt ist sein fünfbändiges Hauptwerk *Adversus haereses* (Gegen die Häresien). Irenäus wollte das Christentum vor allen Dingen gegen die gnostisch-christlich und montanistische Irrlehre abgrenzen. Der Zeitpunkt seines Todes ist unbekannt.

drei göttlichen Personen tauft. Damit ging er über die erwähnten frühesten Zeugnisse über die Taufe hinaus, die nur festlegten, welche Worte benutzt werden sollten. Seine Antwort zeigt, dass jede der göttlichen Personen im Hinblick auf die Heiligung eines Christen eine besondere Aufgabe zu erfüllen hat, die mit der Taufe beginnt:

> Deshalb wird bei unserer Wiedergeburt die Taufe durch diese drei Stücke vollzogen, indem der Vater uns zur Wiedergeburt begnadigt durch seinen Sohn im Heiligen Geiste. Denn diejenigen, welche den Heiligen Geist empfangen und in sich tragen, werden zum Worte, d. h. zum Sohne geführt. Der Sohn hinwieder führt sie zum Vater und der Vater macht sie der Unvergänglichkeit teilhaft. Also kann man ohne den Geist das Wort Gottes nicht sehen und ohne den Sohn kann niemand zum Vater kommen. [...] Das Wissen vom Sohne Gottes aber (erlangt man) durch den Heiligen Geist (Erweis der apostolischen Verkündigung, 7).

Der heilige Irenäus war sich der absoluten Transzendenz Gottes bewusst. Deshalb, vermied er es, näher über sein Wesen zu spekulieren. Er erkennt an, dass es in Gott eine klare Unterscheidung zwischen Vater, Sohn und Heiligem Geist geben muss und lässt sich mit dem Hinweis, dass die Zeugung des Wortes ewig ist, nicht auf weitere Spekulationen ein. Auf diese Weise gelingt es ihm, die Klippen zu umschiffen, an denen der heilige Justin Schiffbruch erlitten hatte.

DIE SPÄTERE ENTWICKLUNG DER DREIFALTIGKEITSTHEOLOGIE

Die trinitarische Theologie entwickelte sich vor allen Dingen im dritten und vierten Jahrhundert bis zur heute bekannten Gestalt weiter. Einige der wichtigsten Autoren und Gedanken, die zu dieser Entwicklung beigetragen haben, möchte ich hier vorstellen.

TERTULLIAN[44]

Der Kirchenlehrer Tertullian war der Erste, der den Begriff der „Trinität" (Dreifaltigkeit) verwendete. Er benutzte ihn in seinen Auseinandersetzungen mit einem Mann namens Praxeas, der die Irrlehre des *Monarchianismus* vertrat.[45] Die Anhänger dieser Lehre vertraten, dass in der Gottheit nur eine Person, nämlich die des Vaters als „Monarch" existiert. Jesus Christus wurde lediglich als Manifestation oder Erscheinungsform des Vaters in der Welt gesehen. Deshalb sei es in Wirklichkeit der Vater selbst gewesen, der Fleisch angenommen und am Kreuz gelitten habe.

In der Auseinandersetzung mit Praxeas gelang es Tertullian ebenfalls als Erstem, die Begriffe der „Person" und der „Substanz" in richtiger Weise auf Gott anzuwenden. So konnte er den Vater, den Sohn und

---

[44] Tertullian wirkte als Kirchenschriftsteller im zweiten und dritten Jahrhundert. Er wurde um das Jahr 160 in Karthago (heutiges Tunesien) geboren und erlernte den Beruf eines Anwalts. Mit leidenschaftlichem Charakter teilte er die Vorurteile seiner Zeitgenossen gegen die Christen und führte ein sittenloses Leben, bis er sich im Alter von 35 Jahren zu Jesus Christus bekehrte. Zum Priester geweiht, begann er nun mit derselben Leidenschaft den Glauben zu verteidigen. Im Jahr 206 trat er jedoch wieder aus der Kirche aus, schloss sich einer Sekte an und begann die Kirche wieder anzugreifen.
[45] Siehe Kapitel 5.

IV. Kapitel – Entwicklung der Lehre des Dogmas

den Heiligen Geist voneinander unterscheiden und dennoch die Einheit des *einen* Gottes aufrechterhalten. Er fragte sich, inwiefern die drei Personen eins und doch zu unterscheiden sind. Sie unterscheiden sich insofern, als sie drei verschiedene göttliche Personen sind und sind insofern eins, als sie dieselbe und einzige Substanz des himmlischen Vaters teilen.

> Drei nicht der Wesenheit, sondern der Stellung nach, nicht der Substanz, sondern der Form nach, nicht der Macht, sondern der Spezies nach, dabei aber von einer Substanz, einer Wesenheit und einer Macht. Denn sie sind nur ein Gott, aus welchem jene Stufen, Formen und Einzelwesen unter dem Namen Vater, Sohn und hl. Geist hergeleitet werden *(Gegen Praxeas, 2,3-4)*.

Mit Tertullian macht die trinitarische Theologie auf diese Weise einen großen Schritt nach vorne. Was ihn auszeichnet, ist die Präzision und Prägnanz seiner Begriffe. Mithilfe seiner Theologie lässt sich vor allen Dingen erklären, weshalb die Dreiheit der Personen die Einheit Gottes nicht aufhebt, warum es nur einen Gott, nur eine göttliche Substanz gibt, die dem Vater, dem Sohn und dem Heiligen Geist gemeinsam ist.

ORIGENES[46] UND DER
HEILIGE HILARIUS VON POITIERS[47]

Die Leistung des Origenes besteht vor allem darin, dass er die Trinitätstheologie um Begriffe wie *Phýsis* (Natur), *Hypóstasis* (Substanz, Person), *Ousía* (Wesen) und *homooúsios* (wesensgleich oder von gleicher Natur) bereichert hat. Er spricht von der Zeugung des Sohnes und sagt, dass der Sohn als Bild und Weisheit des Vaters aus diesem hervorgeht.

Der heilige Hilarius von Poitiers brachte die Lehre von der Dreifaltigkeit im 4. Jahrhundert einen weiteren Schritt voran, indem er zwar die göttlichen Personen unterschied, aber dies nicht als Trennung oder Verschiedenheit ansah. Vielmehr bestehe zwischen den Personen eine vollkommene Wesensgemeinschaft, weil der Vater und der Sohn ein und derselbe Gott sind. Die Beziehung zwischen Vater und Sohn erklärte Hilarius mithilfe der Analogie einer menschlichen Zeugung. Da der Vater den Sohn vor aller Zeit und Ewigkeit gezeugt

---

[46] Origenes wurde 185 als Kind christlicher Eltern geboren. Mit 17 Jahren verlor er bei einer Christenverfolgung seinen Vater und den gesamten Familienbesitz. Deshalb musste er eine Arbeit als Lehrer annehmen, um seine Mutter und seine sechs kleineren Geschwister zu unterstützen. Als Leiter der Katechetenschule von Alexandria erlebte er mit, wie viele seiner Schüler den Märtyrertod starben. Das hinderte ihn jedoch nicht, seine Schüler, wie zuvor auch seinen eigenen Vater, dazu zu ermutigen, für den Glauben zu sterben. Schließlich wurde Origines zum Priester geweiht und verließ im Jahr 232 Alexandria, um nach Cäsarea zu ziehen, wo er ebenfalls unterrichtete. Im Jahr 250 wurde er während der Christenverfolgung unter Kaiser Decius eingekerkert, gefoltert und starb im Jahr 254.

[47] Hilarius wurde als Kind vornehmer Heiden in Poitiers geboren. Er erhielt eine gute Ausbildung und entdeckte in der Heiligen Schrift die Wahrheit, nach der er sich so sehnte. Aufgrund seines Glaubenseifers wurde er 350 zum Bischof seiner Heimatstadt ernannt. Sein Engagement für den Glauben trug ihm Verfolgung und schließlich das Exil in Phrygien ein. Während seiner Verbannung widmete er sich dem Bibelstudium und trat weiterhin mit solchem Eifer für seine Überzeugungen ein, dass seine Gegner sich erneut seiner zu entledigen suchten. Sie schickten ihn wieder zurück in sein Geburtsland. So kehrte er 361 im Triumphzug nach Poitiers zurück und nahm seinen Bischofssitz wieder ein.

(nicht geschaffen!) hat, übergibt er ihm mit dieser ewigen Zeugung auch sein Wesen, sodass in beiden göttlichen Personen das gleiche Wesen existiert. Die göttlichen Personen sind so zu unterscheiden und doch eins aufgrund ihrer einen, identischen Substanz.

DIE KAPPADOKISCHEN VÄTER[48]

Die großen Kirchenväter der orientalischen und orthodoxen Christenheit, die kappadokischen Väter, konzentrierten sich auf den Begriff der „Person", um die Lehre von der Dreifaltigkeit Gottes weiterzuentwickeln. Sie versuchten dabei die Lehre von Tertullian weiterzuentwickeln, der zuerst den Vater, Sohn und Heiligen Geist als „Personen" bezeichnet hatte. Seine Definition des Personenbegriffs war jedoch noch sehr eingeschränkt, da er diese nur als sprechende Subjekte ansah.

Die Kappadokier dagegen gelangten zu einer eher technischen Definition der Person. Sie basierte auf der Vorstellung einer Beziehung, die sie auf das Mysterium der Dreifaltigkeit anwandten. Sie fragten dabei wiederum, was die drei göttlichen Personen unterscheidet. Die „Substanz" konnte es nicht sein, da die Wesensgemeinschaft in Gott vollkommen ist, Vater, Sohn und Heiliger Geist ein und derselbe Gott ist. Was die Personen unterscheidet, konnte nur die Beziehung zwischen ihnen sein, erkannten die Kappadokier. Der Vater ist deswegen der „Vater", weil er den Sohn gezeugt hat; gleichermaßen ist der Sohn der „Sohn", weil er vom Vater gezeugt worden ist, obwohl sein Wesen

---

[48] Als „kappadokische Väter" werden der heilige Basilius, der heilige Gregor von Nazianz und der heilige Johannes Chrysostomus bezeichnet, die im 4. und 5. Jahrhundert lebten.

mit dem des Vaters identisch ist. Im siebten Kapitel wird diese Frage noch näher behandelt werden.

DER HEILIGE AUGUSTINUS[49]

Der große Kirchenlehrer der westlichen und lateinischen Christenheit, der heilige Augustinus, gilt als der wichtigste Dreifaltigkeitstheologe der frühen Kirche. Im 5. Jahrhundert gelang es ihm, die wichtigsten Ansätze der verschiedenen Kirchenväter, die vor ihm die Lehre von der Dreifaltigkeit Gottes reflektiert hatten, zu einer Gesamtsynthese zu verschmelzen.

Die von Augustinus eingeführte neue und bessere Erklärung des Mysteriums der Dreifaltigkeit besteht darin, dass nicht nur der Vater „Gott" ist sondern die ganze Dreifaltigkeit Gott ist. Mit anderen Worten besteht der eine und wahre Gott immer aus dem Vater, dem Sohn und dem Heiligen Geist. Damit steht bei Augustinus die Vorstellung von der absoluten Einheit Gottes, der Wesenseinheit im Vordergrund. Diese absolute Einheit ist der Grundgedanke seiner Trinitätslehre. Das führt

---

[49] Der heilige Augustinus war einer der einflussreichsten Kirchenväter in der Geschichte. Aus seinem Leben sind viele Einzelheiten bekannt, weil er selbst in seinem Buch *Bekenntnisse* davon erzählt hat. Er kam 354 in Tagaste zur Welt; sein Vater war Heide, seine Mutter (die heilige Monika) war Christin. In seiner Jugend wurde er im Glauben erzogen, aber nicht getauft. Zum Studium ging er in das nordafrikanische Karthago, wo ihn die Verlockungen der Großstadt vom Weg des Glaubens abbrachten. Er hatte einen unehelichen Sohn und schloss sich der Sekte der Manichäer an. 383 ging er zum Studium nach Italien und lernte dort den heiligen Ambrosius, den Bischof von Mailand, kennen. Dessen Einfluss führte schließlich zu seiner Bekehrung. 387 ließ er sich taufen und kehrte in seine Heimat zurück, widmete sich dem Gebet und dem Studium und verschenkte seinen Besitz an die Armen. Auf Drängen der Gemeinde wurde er, obwohl er dies eigentlich nicht anstrebte, zum Priester und später zum Bischof geweiht. Augustinus war ein hochintelligenter, überaus gebildeter und produktiver Theologe, der viele Werke zur Verteidigung des Glaubens bis zu seinem Tod im Jahr 430 verfasste.

dazu, dass er die einzelnen göttlichen Personen der Einheit des göttlichen Wesens ein Stück weit nachordnet.

Diese Herangehensweise hat den Vorteil, dass sie die absolute Gleichheit der Personen gewährleistet und andererseits jeden Versuch einer Rangordnung verhindert; gleichzeitig aber hat sie jedoch den Nachteil, dass sie jeden im eigentlichen Sinne heilsökonomischen[50] Ansatz und jegliche Differenzierung innerhalb der Dreifaltigkeitsoffenbarung unmöglich macht. In der Theologie unterscheidet man daher das Wirken des Dreifaltigen Gottes nach außen („ad extra") und seine Werke innerhalb der Dreieinigkeit („ad intra"). Da Augustinus die Wesenseinheit betont, müssen logischerweise alle Werke außerhalb der der Dreifaltigkeit gemeinsam von den göttlichen Personen vollbracht sein: Die Schöpfung, die Menschwerdung und die göttliche Einwohnung in der Seele des Gerechten sind, so gesehen, Werke der ganzen Dreifaltigkeit, die aber gleichsam theoretisch einer konkreten göttlichen Person zugeordnet werden können: Die Schöpfung dem Vater, die Menschwerdung dem Sohn und die Einwohnung dem Heiligen Geist.

Wenn die göttlichen Personen *ad extra* gemeinsam wirken und die Personen sich nur aufgrund der Zuordnung unterscheiden, wirft die Herangehensweise des heiligen Augustinus spontan die Frage auf, wie denn die göttlichen Personen *ad intra*, also innerhalb der Dreifaltigkeit, wirken oder in Beziehung stehen? Hier taucht die alte Frage wieder

---

[50] Unter „Heilsökonomie" versteht man in der Theologie das Wirken des Dreifaltigen Gottes im Blick auf die Heilsgeschichte der Menschen, einfacher gesagt: Wie ein Mensch durch das geschichtliche Wirken Gottes auf der Erde, insbesondere durch die Menschwerdung, den Tod und die Auferstehung Christi, zum ewigen Leben gelangen kann.

auf, wie sich die Wesenseinheit in Gott mit der Unterschiedlichkeit der Personen in Einklang bringen lässt?

Um dieses Problem zu lösen, greift Augustinus auf die Vorstellung der „Beziehungen" zurück, wie sie schon die früheren Kirchenväter wie Hilarius oder die Kappadokier entwickelt hatten. Sein Kernsatz dazu lautete: *In divinis omnia sunt unum ubi non obviat relationis oppositio*[51], so soll also alles innerhalb der Gottheit als eins betrachtet werden, wo nicht eine Beziehung dem entgegensteht.

Mit anderen Worten betrifft nicht jede Aussage über Gott sein Wesen, sondern manches ist nur im Hinblick auf die Ordnung der innergöttlichen Beziehung ausgesagt: Der Beziehung zwischen dem Vater und dem Sohn und dem Heiligen Geist. Diesen Personen ist dieselbe Substanz, dasselbe Wesen, dieselbe Natur und dasselbe Sein gemeinsam. Was sie unterscheidet, sind die Beziehungen zueinander, und diese Beziehungen machen aus ihnen eine Person, die sich jeweils von den anderen unterscheidet. Obwohl sie einander in allem vollkommen gleichen, ist Vater-Sein und Sohn-Sein und Geist-Sein also nicht dasselbe.

Diese Beziehungen gründen sich auf das Hervorgehen (die „Emanation") der göttlichen Personen. Der Sohn geht durch Zeugung aus dem Vater hervor. Um die Zeugung des Sohnes sowie das Hervorgehen des Geistes aus dem Vater und dem Sohn zu erklären, bedient sich Augustinus eines Bildes aus der Psychologie der menschlichen

---

[51] „Alles ist [in der Gottheit] eins, wo sich keine Gegensätzlichkeit der Beziehung entgegenstellt" (DH 1330).

Person: „So ist also der menschliche Geist geschaffen, daß er niemals sich seiner nicht erinnert, niemals sich nicht einsieht, niemals sich nicht liebt."[52]

Angewendet auf die innergöttlichen Beziehungen, gelangen nach Augustinus der Vater und der Sohn durch den Willen dazu, einander zu lieben. Diese wechselseitige Liebe ist der Heilige Geist, die Gemeinschaft des Vaters und des Sohnes, ein ganz besonderes Aufmerken und Lieben. Der Geist geht aus dem Vater und dem Sohn hervor, und das nicht auf dem Weg der Erkenntnis, sondern auf dem Weg des Willens, kraft dessen der Vater und der Sohn einander lieben.

ZUSAMMENFASSUNG

Dieses Kapitel gab einen kurzen Überblick darüber, wie die großen Theologen aus den ersten Jahrhunderten der Kirche versuchten, das Geheimnis der Dreifaltigkeit näher zu erklären. Ihnen gelang es im Laufe einer langen Zeitspanne, die Existenz der drei göttlichen Personen mit dem Monotheismus in Einklang zu bringen. Ihre Antworten, dass die drei göttlichen Personen dennoch ein einziger Gott sind, erforderten erhebliche Mühen, denn es gab für das trinitarische Denken keine geeignete Terminologie.

Waren die ersten Christen und apostolischen Väter diesem Problem noch aus dem Weg gegangen, weil ihr Interesse eher seelsorglichen als theologischen Fragen galt, so konnte dies nicht so bleiben. Reichten anfangs noch die Worte der Bibel, wenn sie von Gott sprachen,

---

[52] *De Trinitate*, XIV, 14

so versuchten sich die Apologeten des zweiten und dritten Jahrhunderts als Erste an einer theologischen Vertiefung, um die aufkommenden Irrlehren innerhalb und außerhalb der Kirche widerlegen zu können.

Ihre ersten Versuche scheiterten jedoch, weil sie Begriffe und Vorstellungen der heidnischen Philosophie verwendeten, die im Grunde nicht mit dem Christentum zu vereinbaren waren. Sie glaubten an die Dreifaltigkeit, doch weil es ihnen an einer geeigneten Terminologie fehlte, erweckten ihre Schriften den Eindruck, sie wollten die Person des Sohnes und des Heiligen Geist dem himmlischen Vater unterordnen, was eine Irrlehre gewesen wäre (subordinatianistische Häresie).

In der Folgezeit unternahmen eine Reihe von Theologen und Kirchenlehrern hohe intellektuelle Anstrengungen, um eine geeignete Terminologie zu erarbeiten, mit der sich das Geheimnis der Dreifaltigkeit erklären ließ. Tertullian, der heilige Hilarius von Poitiers, Origenes und die kappadokischen Väter benutzten Begriffe wie Substanz, Person oder Beziehung, die sich für die Beschäftigung mit diesem Thema als unverzichtbar erwiesen.

Nachdem der theologische Boden in dieser Weise gleichsam urbar gemacht worden war, kam dem heiligen Augustinus das Verdienst zu, aus allen wichtigen Bestandteilen eine Synthese zu finden und die entsprechenden Begriffe und Vorstellungen bis in die Gegenwart festzuschreiben. Der Kirchenvater betont vorrangig das Wesen des einen *Gottes*, der jedoch in der Beziehung der drei göttlichen Personen untereinander auch dreifaltig zu betrachten ist.

V. Kapitel

Die trinitarischen Irrlehren

V. Kapitel – Die trinitarischen Irrlehren

Vorbemerkung

Im vorigen Kapitel haben wir gesehen, dass die Kirche schon immer an das Geheimnis der Dreifaltigkeit geglaubt hat. Dieser Dreifaltigkeitsglaube stützte sich auf die Lehre Christi und die biblische Überlieferung, auch wenn der Begriff „Dreifaltigkeit" im Alten und Neuen Testament nicht vorkommt. Anfangs versuchten die ersten Christen in erster Linie, ihren Glauben zu leben und zu tun, was Jesus Christus selbst ihnen geboten hatte: Sie tauften im Namen des Vaters und des Sohnes und des Heiligen Geistes, ohne wirklich zu verstehen, was das bedeutete. Schon bald aber wurde es zu einer pastoralen Notwendigkeit, den Katechumenen, also den zukünftigen Neuchristen, dieses zentrale Mysterium des Glaubens zu erklären. So begann ein langer intellektueller Prozess, in dessen Verlauf sich die geeigneten Begriffe und Vorstellungen herauskristallisierten. Wenn der menschliche Verstand den Dreifaltigkeitsglauben schon nicht restlos zu fassen vermochte, wollten die Hirten der Kirche ihn wenigstens nachvollziehbar und anschaulich darstellen. Also ging man von der biblischen Vorstellung aus, dass der eine Gott des Alten Testaments der Vater ist und dass Sohn und Geist an seiner göttlichen Natur teilhaben, und gelangte schließlich zu der augustinischen Lehre, wonach der eine Gott die Dreifaltigkeit ist und Vater, Sohn und Heiliger Geist dieselbe Substanz und dasselbe göttliche Wesen haben.

Die Entwicklung der Dreifaltigkeitstheologie war auch der Notwendigkeit geschuldet, den Glauben gegen die verschiedenen trinitarischen Irrlehren zu verteidigen, die im Laufe der Geschichte aufkamen und den Glauben an den dreieinigen Gott verfälschten.[53] Wie wir bereits gesehen haben, beinhaltet unser Dreifaltigkeitsglaube drei Aussagen. Das Problem ist, dass diese drei Aussagen einander zu widersprechen scheinen. Im Grunde läge es nahe, jeweils zwei dieser drei Sätze als wahr zu akzeptieren und den dritten zu verwerfen, nämlich entweder:

- dass Vater, Sohn und Heiliger Geist drei verschiedene und gleichermaßen göttliche Personen, aber eben nicht nur ein Gott, sondern drei Götter sind;

- oder dass es einen Gott gibt und Vater, Sohn und Heiliger Geist gleichermaßen göttlich sind, es aber keine drei verschiedenen Personen, sondern tatsächlich nur ein und dieselbe göttliche Person gibt;

- oder dass der Vater, der Sohn und der Heilige Geist drei verschiedene Personen, aber nicht gleichermaßen göttlich sind. Es gibt einen einzigen wahren Gott, und das ist der Vater. Der Sohn und der Heilige Geist sind ihm untergeordnet.

Wie aber sollte man alle drei Aussagen für wahr halten? Das ist der Kern des Problems. Im vorigen Kapitel haben wir gesehen, wie sich einige christliche Schriftsteller der frühen Jahrhunderte bemüht haben, eine Erklärung für die Einheit und Dreiheit Gottes zu finden und die Wahrheit dieser drei Aussagen aufrechtzuerhalten. Gleichzei-

---

[53] Diese Irrlehren leben bis heute fort. Die neuen pseudochristlichen Sekten wie die Zeugen Jehovas und die Mormonen vertreten im Grunde dieselben Irrlehren, die auch schon in den ersten Jahrhunderten des Christentums im Umlauf waren.

tig und parallel dazu bot eine andere Gruppe von Schriftstellern einfachere Lösungen an, die die Wahrheit der Dreifaltigkeit in der einen oder anderen Weise verfälschten.

In diesem Kapitel möchte ich die hauptsächlichen trinitarischen Irrlehren und im folgenden Kapitel die wichtigsten Antworten des kirchlichen Lehramts vorstellen.

DIE TRINITARISCHEN IRRLEHREN[54]

Wir haben gesehen, dass die Kirche, allen Schwierigkeiten zum Trotz, immer an den drei zentralen Aussagen des Dreifaltigkeitsglaubens festgehalten hat. Den trinitarischen Irrlehren gemeinsam ist, dass sie eine dieser drei Aussagen leugnen. Man kann die Dreifaltigkeitsirrlehren also nach dem Kriterium gruppieren, welche dieser drei Aussagen sie nicht akzeptieren, und genau das wird auch das Ordnungsprinzip sein, das ich im Folgenden anwenden möchte.

DIE IRRLEHREN, DIE LEUGNEN, DASS DER VATER, DER SOHN UND DER HEILIGE GEIST DREI VERSCHIEDENE PERSONEN SIND

Die Irrlehre, die leugnet, dass in Gott drei verschiedene Personen existieren, bezeichnet man im Allgemeinen als Monarchianismus. Die

---

[54] Zur Bedeutung des Begriffs Irrlehre schreibt der Katechismus der Katholischen Kirche unter der Nummer 2089: „Unglaube besteht in der Mißachtung der geoffenbarten Wahrheit oder in der willentlichen Weigerung, ihr zuzustimmen. 'Irrlehre nennt man die nach Empfang der Taufe erfolgte beharrliche Leugnung einer mit göttlichem und katholischem Glauben zu glaubenden Wahrheit oder einen beharrlichen Zweifel an einer solchen Glaubenswahrheit; Apostasie nennt man die Ablehnung des christlichen Glaubens im Ganzen; Schisma nennt man die Verweigerung der Unterordnung unter den Papst oder der Gemeinschaft mit den diesem untergebenen Gliedern der Kirche' (CIC, can. 751).“ Die

monarchianistischen Irrlehren vertreten einen strikten Monotheismus. Es gibt zwei Formen: den dynamischen und den modalistischen Monarchianismus.

Im dynamischen Monarchianismus ist Gott der Vater, während Sohn und Heiliger Geist göttliche Kräfte sind. Das griechische Wort Dýnamis bedeutet Kraft. Zu den wichtigsten Anhängern des dynamischen Monarchianismus zählten die Ebioniten. Sie waren eine judenchristliche Sekte, die die streng monotheistische Gottesvorstellung des Judentums übernommen hatte. Deshalb glaubten sie nicht an die Gottheit Jesu und des Heiligen Geistes.

Ein anderer Vertreter des dynamischen Monarchianismus war Theodotus von Byzanz. Er sagte, dass Jesus, obwohl von einer Jungfrau geboren, doch ein ganz normaler Mensch gewesen sei. Nach seiner Taufe habe dann das Wort Gottes, eine göttliche Kraft, in ihm zu wirken begonnen. Die Ebioniten glaubten nicht an die Gottheit Jesu, weil sie am strikten Monotheismus der Juden festhielten. Theodotus dagegen war ein abtrünniger Christ. Er war seinem Glauben während einer der Christenverfolgungen untreu geworden. Um seine Feigheit zu rechtfertigen, leugnete er seine Apostasie, also den völligen Abfall vom Christentum, und erklärte, er glaube nur nicht an die Gottheit Jesu. Jedenfalls wurde er von Papst Viktor I. mit dem Kirchenbann belegt.

Paulus von Samosata war ein weiterer Vertreter dieser Irrlehre. Er war Bischof von Antiochia und lehrte, dass das göttliche Wort keine Person, sondern eine unpersönliche Kraft und Jesus in dem Moment eingegossen worden sei, als Gott ihn an Sohnes Statt annahm. Diese Auffassung ist der Beginn der christologischen Irrlehre des Adoptianismus. Paulus unterschied sich insofern von Theodotus, als er sagte, dass Jesus, von Maria und dem Heiligen Geist geboren, mehr als ein gewöhnlicher Mensch gewesen sei. Wie im Falle des Theodotus waren seine eigentlichen Beweggründe jedoch weit eher praktischer als ideeller Natur. Theodotus entwickelte seine Irrlehre zur Rechtfertigung seiner Apostasie. Paulus hatte vor allem wirtschaftliche Ziele. Eine örtliche Königin wollte die Christen und die Juden aus kommerziellen Gründen miteinander aussöhnen. Paulus unterstützte sie darin und versuchte, das Christentum von allen Elementen zu befreien, die die Juden nicht akzeptierten – und dazu gehörte eben auch die Dreifaltigkeitslehre.

Die zweite Spielart des Monarchianismus, der Modalismus, hält das Wort und den Heiligen Geist für bloße Erscheinungsformen oder Seinsweisen des einen Gottes. In dieser Irrlehre ist Gott einzig und einpersönlich, das heißt, in der Gottheit existiert nur eine Person, nämlich der Vater. Jesus Christus und der Heilige Geist sind lediglich Manifestationen des Vaters in der Welt. Deshalb ist es dieser Irrlehre zufolge auch der Vater selbst, der Mensch wird und am Kreuz stirbt. Die drei berühmtesten Vertreter dieser Irrlehre sind Noëtus von Smyrna, Praxeas und Sabellius.

Die Irrlehren, die leugnen, dass der Vater, der Sohn und der Heilige Geist gleichermassen göttlich sind

Die Irrlehre, die leugnet, dass der Vater, der Sohn und der Heilige Geist gleichermaßen göttlich sind, bezeichnet man im Allgemeinen als Subordinatianismus. Diese Irrlehren glauben zwar, dass das Wort und der Heilige Geist wirkliche Personen und vom Vater unterschieden sind, halten sie jedoch für untergeordnet. Obwohl sie bekennen, dass der Sohn und der Heilige Geist göttlich sind, betrachten sie strenggenommen doch nur den Vater als Gott.

Die wichtigste Spielart dieser Irrlehre ist der Arianismus. Er ist nach seinem Gründer Arius benannt (256-336). Arius zufolge ist das Wort das erste und vollkommenste Geschöpf des Vaters, als Geschöpf jedoch dem Vater untergeordnet. Natürlich leugnete Arius auch die Gottheit des Heiligen Geistes. Als das Konzil von Nicäa diese Irrlehre verurteilte, versuchten ihre Vertreter sie zu rechtfertigen, indem sie erklärten, dass das Wort dem Vater wesensähnlich ist. Deshalb nannte man sie Semi-Arianer.

Eine andere Variante des Subordinatianismus ist der Macedonianismus, der auf der Grundlage von Bibelstellen wie Hebr 1,14[55] die Auffassung vertrat, der Heilige Geist sei ein Engel. Diese Irrlehre wurde mehrfach verurteilt, unter anderem auf der Synode von Alexandria (362), dem Konzil von Konstantinopel (381) und der Synode von Rom (382).

Verschiedene Formen dieser Irrlehre bestehen bis heute fort und werden von verschiedenen Sekten wie den Zeugen Jehovas und den Mormonen vertreten. Keine dieser Sekten ist wirklich christlich, denn obwohl sie sich auf Jesus Christus berufen, glauben sie nicht daran, dass er Gott ist, und leugnen folglich die Dreifaltigkeit.

---

[55] „Sind sie nicht alle nur dienende Geister, ausgesandt, um denen zu helfen, die das Heil erben sollen?"

Die Irrlehren, die leugnen, dass es nur einen Gott gibt

Im Lauf der Kirchengeschichte hat es immer wieder Menschen gegeben, die erklärt haben, der Vater, der Sohn und der Heilige Geist seien in Wirklichkeit drei verschiedene Götter. Diese Irrlehre wird im Allgemeinen als Tritheismus bezeichnet. Ich möchte mich hier nicht damit aufhalten, die Vertreter dieser Irrlehre im Einzelnen vorzustellen, weil sie in der Geschichte des Christentums in der Regel eine eher untergeordnete Rolle gespielt haben. Letztlich widerspricht der Tritheismus nicht nur der eindeutigen biblischen Aussage, dass es nur einen Gott gibt, wie wir im ersten Kapitel gesehen haben, sondern auch den Prinzipien der Logik. Wenn Gott unendlich und allmächtig ist, kann es nicht mehr als einen Gott geben, denn wenn zwei Götter existierten, wäre einer die Grenze des anderen; das heißt, keiner von beiden wäre unendlich und allmächtig und damit wahrhaft Gott.

VI. Kapitel

Die Aussagen des kirchlichen Lehramts

VI. Kapitel – Die Aussagen des kirchlichen Lehramts

Vorbemerkung

Wir glauben an die Allerheiligste Dreifaltigkeit, weil sie eine von Gott geoffenbarte Glaubenswahrheit ist. Die eine und einzige Offenbarung Gottes ist nicht nur in der Heiligen Schrift, sondern auch in der Überlieferung der Kirche enthalten. Das Zweite Vatikanische Konzil lehrt in der Konstitution *Dei Verbum*, dass Überlieferung und Schrift eine Einheit bilden und einander ergänzen. Beide sind Wort Gottes. Die Heilige Schrift ist das schriftlich überlieferte Gotteswort, und die Überlieferung ist das Wort, das Christus und der Heilige Geist den Aposteln anvertraut und das diese dann unversehrt an die ganze Kirche weitergegeben haben.[56] Sowohl die Schrift als auch die Überlieferung aber sind untrennbar mit dem Lehramt der Kirche verbunden. Dieses hat die Aufgabe, das mündliche oder schriftliche Wort Gottes verbindlich auszulegen.[57]

Im ersten und zweiten Kapitel habe ich gezeigt, was die Heilige Schrift und was die Überlieferung der Kirche über die Dreifaltigkeit lehrt. Im nun folgenden Kapitel möchte ich die wichtigsten Aussagen des kirchlichen Lehramts über die Dreifaltigkeit vorstellen. Dadurch, dass das Lehramt auf die verschiedenen trinitarischen Irrlehren

---

[56] Vgl. Dei Verbum 9.
[57] „Die Aufgabe aber, das geschriebene oder überlieferte Wort Gottes verbindlich zu erklären, ist nur dem lebendigen Lehramt der Kirche anvertraut, dessen Vollmacht im Namen Jesu Christi ausgeübt wird. Das Lehramt ist nicht über dem Wort Gottes, sondern dient ihm, indem es nichts lehrt, als was überliefert ist, weil es das Wort Gottes aus göttlichem Auftrag und mit dem Beistand des Heiligen Geistes voll Ehrfurcht hört, heilig bewahrt und treu auslegt und weil es alles, was es als von Gott geoffenbart zu glauben vorlegt, aus diesem einen Schatz des Glaubens schöpft. Es zeigt sich also, daß die Heilige Überlieferung, die Heilige Schrift und das Lehramt der Kirche gemäß dem weisen Ratschluß Gottes so miteinander verknüpft und einander zugesellt sind, dass keines ohne die anderen besteht und daß alle zusammen, jedes auf seine Art, durch das Tun des einen Heiligen Geistes wirksam dem Heil der Seelen dienen" (DV 10).

reagieren musste, die im Laufe der Geschichte aufkamen, hat sich unser Dreifaltigkeitsglaube nach und nach immer deutlicher herauskristallisiert. Diese Lehren des katholischen Lehramts sind für jedes theologische Buch von grundlegender Wichtigkeit. Da sie jedoch im Allgemeinen schwer zu lesen sind, habe ich beschlossen, sie in ihrer Gesamtheit im Anhang aufzuführen. Man kann sie auch überspringen, sollte jedoch nicht vergessen, dass es sich hierbei um wichtige und nützliche Dokumente handelt, aus denen wir vieles lernen können.

DER BRIEF VON PAPST DIONYSIUS AN DIONYSIUS VON ALEXANDRIA

Dionysius war Bischof von Alexandria. Er wandte sich gegen die Irrlehre des Sabellius, den so genannten Sabellianismus. Sabellius vertrat eine Form des modalistischen Monarchianismus und leugnete, dass die drei göttlichen Personen tatsächlich drei verschiedene Personen sind. In seinem Bestreben, diese Irrlehre zu bekämpfen, verfiel Dionysius jedoch in das andere Extrem und legte ein allzu großes Gewicht auf die Verschiedenheit der drei Personen. Deshalb warf man ihm vor, er lehre die Irrlehre des Tritheismus. Papst Dionysius (259-268) nahm sich dies zum Anlass, ein wichtiges Dokument zu verfassen, das den kirchlichen Dreifaltigkeitsglauben darlegen und das Gleichgewicht zwischen der Einheit und der Verschiedenheit der göttlichen Personen wiederherstellen sollte.

> Sodann werde ich aber mit Fug und Recht auch gegen die reden, welche die ehrwürdigste Verkündigung der Kirche Gottes, die Monarchie, in drei Kräfte, getrennte Hypostasen und drei Gott-

heiten zerteilen, zerschneiden und aufheben; ich habe nämlich erfahren, daß einige von denen, die bei Euch unterrichten und das göttliche Wort lehren, zu diesem Denken hinführen; diese sind der Meinung des Sabellius sozusagen diametral entgegengesetzt; denn der lästert, wenn er sagt, daß der Sohn selbst der Vater sei, und umgekehrt; diese aber verkünden gewissermaßen drei Götter, indem sie die heilige Einheit in drei einander völlig fremde abgetrennte Hypostasen zerteilen (DH 112-115[58]).

DIE ÖKUMENISCHEN KONZILIEN VON NICÄA (325) UND KONSTANTINOPEL (381)

Das Konzil von Nicäa verurteilte den *Arianismus*, das heißt die Irrlehre des Arius, der eine Form des Subordinatianismus vertrat. Er lehrte, dass der Sohn dem Vater nicht gleich und auch nicht ewig, sondern in der Zeit geschaffen sei. Das Konzil von Nicäa formulierte eine der wichtigsten lehramtlichen Aussagen zur Dreifaltigkeitslehre, weil es unmissverständlich erklärt, dass der Sohn Gottes dem Vater gleich ist. Hierfür verwendete es den Begriff *homooúsios* (von gleichem Wesen oder gleicher Natur), der von Origenes eingeführt worden war.

> Wir glauben an den einen Gott, den allmächtigen Vater, den Schöpfer alles Sichtbaren und Unsichtbaren. Und an unseren einen Herrn Jesus Christus, den Sohn Gottes, als Einziggebo-

---

[58] Heinrich Denzinger, *Enchiridion symbolorum definitionum et declarationum de rebus fidei et morum*: Kompendium der Glaubensbekenntnis und kirchlichen Lehrentscheide, Lateinisch-Deutsch, Peter Hünermann [Hrsg], Verlag Herder, Freiburg i. Brsg. 2010, 42. DH oder Denzinger-Hünermann ist die Bezeichnung für das Kompendium aller grundlegenden Texte der katholischen Dogmen und Moralität. Normalerweise wird dieser Titel mit dem Namen des Verfassers „Denzinger-Hünermann" bzw. seinen Initialen „DH" abgekürzt. Die Nummern in den Zitaten beziehen sich auf die Textpassagen im Kompendium.

renen aus dem Vater geboren, das heißt aus der Substanz des Vaters, Gott aus Gott, Licht aus Licht, wahrer Gott aus wahrem Gott, geboren, nicht geschaffen, von einer Substanz mit dem Vater (was man griechisch *homoousios* nennt), durch den alles geworden ist, was im Himmel und auf der Erde ist (DH 125).

Die Arianer, die die Gottheit des Sohnes leugneten, leugneten demzufolge auch die Gottheit des Heiligen Geistes. Da das Konzil von Nicäa sich nur mit der Gottheit des Sohnes und nicht mit der Gottheit des Heiligen Geistes befasste, blieb diese Frage offen und wurde erst 381 auf dem Konzil von Konstantinopel beantwortet. Dieses Konzil lehrt, dass der Heilige Geist Gott ist, und zwar nicht, indem es dies explizit sagt, sondern indem es seine Funktion beschreibt:

Und an den Heiligen Geist, den Herrn und Lebensspender, der aus dem Vater und dem Sohne hervorgeht, der mit dem Vater und dem Sohne zugleich angebetet und mitverherrlicht wird, der durch die Propheten gesprochen hat (DH 150).

DER „TOMUS DAMASI" DES KONZILS VON ROM (382)

Die Konzilien von Nicäa und Konstantinopel haben nicht alle Kontroversen beseitigt. Vor allem Beobachter im Nahen Osten bestanden darauf, die Dreifaltigkeit zu prüfen und zu rationalisieren. Daher rief der heilige Papst Damasus im Jahr 382 nach Christus einen Rat in Rom zusammen, dem er die Hauptirrtümer seiner Zeit darstellte. Sein Werk, das eine Sammlung von Anathemen (Kirchenbann) darstellt, ist eine Auflistung von Definitionen der Dreifaltigkeit, die bis zum heutigen Tage Vorbild an Klarheit sind. Insgesamt sind es 24, der folgende Auszug reflektiert den durch die Jahrtausende bestehenden Glauben der Kirche.

(11) Wer nicht sagt, daß der Sohn vom Vater, das heißt, von seiner göttlichen Substanz geboren wurde, der ist ein Häretiker.

(12) Wer nicht sagt, daß der Sohn Gottes wahrer Gott ist, so wie sein Vater wahrer Gott ist, und daß er alles vermag und alles weiß und dem Vater gleich ist, der ist ein Häretiker.

(16) Wer nicht sagt, daß der Heilige Geist ebenso wie der Sohn wahrhaftig und im eigentlichen Sinne vom Vater, von der göttlichen Substanz und wahrer Gott ist, der ist ein Häretiker.

(17) Wer nicht sagt, daß der Heilige Geist ebenso wie der Sohn und der Vater alles vermag und alles weiß und überall ist, der ist ein Häretiker.

(20) Wer nicht sagt, daß es nur eine Gottheit, Macht, Erhabenheit, Gewalt, nur eine Herrlichkeit, Herrschaft, nur ein Reich und nur einen Willen und eine Wahrheit des Vaters und des Sohnes und des Heiligen Geistes gibt, der ist ein Häretiker (DH 306).

DIE 11. SYNODE VON TOLEDO (675)

Im Gegensatz zu den Konzilien von Nicäa und Konstantinopel besaß die 11. Synode von Toledo nicht die Autorität eines ökumenischen Konzils. Sie war eine örtliche Versammlung von nur 17 Bischöfen. Zu diesem Anlass wurde ein Glaubensbekenntnis entworfen, das die Teilnehmer bei der Synodeneröffnung gemeinsam sprachen. Die Bedeutung dieses Glaubensbekenntnisses für die Kirche beruht nicht darauf, dass es lehramtlich verbindlich wäre, sondern darauf, dass die nachfolgenden Jahrhunderte es als einen echten Ausdruck des kirchlichen Dreifaltigkeitsglaubens in hohen Ehren hielten.

[Die Dreifaltigkeit] Wir bekennen und glauben, daß die heilige und unaussprechliche Dreifaltigkeit, der Vater und der Sohn und der Heilige Geist, ihrer Natur nach ein Gott ist, von einer Substanz, einer Natur, auch einer Erhabenheit und Kraft.

[Der Vater] Und wir bekennen, daß der Vater nicht gezeugt und nicht geschaffen, sondern ungezeugt (ist). Er leitet seinen Ursprung nämlich von niemandem her, er, aus dem sowohl der Sohn die Geburt als auch der Heilige Geist das Hervorgehen empfing. Er ist also die Quelle und der Ursprung der ganzen Gottheit. Er ist auch der Vater seines Wesens, er, der von seiner unaussprechlichen Substanz auf unaussprechliche Weise den Sohn zeugte und dennoch nichts anderes, als was er selbst ist, zeugte [Er, der Vater, nämlich sein unaussprechliches Wesen, zeugte auch auf unaussprechliche Weise den Sohn seiner Substanz und zeugte dennoch nichts anderes, als was er selbst ist]: Gott (zeugte) Gott, Licht das Licht; von ihm also ist „jede Vaterschaft im Himmel und auf Erden" (Eph 3,15).

[Der Sohn] Wir bekennen auch, daß der Sohn von der Substanz des Vaters ohne Anfang vor den Zeiten geboren, jedoch nicht gemacht wurde: denn weder war der Vater irgendwann ohne den Sohn, noch der Sohn ohne den Vater. Und dennoch (ist) nicht, wie der Sohn vom Vater, so der Vater vom Sohn, weil nicht der Vater vom Sohn, sondern der Sohn vom Vater die Zeugung empfing. Der Sohn ist also Gott vom Vater, der Vater aber Gott, jedoch nicht vom Sohn; (er ist) nämlich Vater des Sohnes, nicht Gott vom Sohn: jener aber ist Sohn des Vaters und Gott vom Vater. Dennoch ist der Sohn in allem Gott, dem Vater gleich; denn weder begann seine Geburt irgendwann, noch hörte sie auf. Dieser, so unser Glaube, ist auch von einer Substanz mit dem Vater; deshalb wird er auch dem Vater ὁμοούσιος, das heißt, von derselben Substanz mit dem Vater; ὅμος heißt nämlich griechisch „eins", ούσια aber „Substanz", was, wenn man beides verbindet, „eine Substanz" bedeutet. Der Sohn nämlich, so muß man glauben, wurde weder von nichts noch von irgendeiner anderen Substanz gezeugt bzw. geboren, sondern vom Schoß des Vaters, das heißt, von seiner Substanz. Ewig (ist) also der Vater, ewig auch der Sohn. Wenn er aber immer Vater war, dann hatte er immer den Sohn, dem er Vater war: und deshalb bekennen wir, daß der Sohn vom Vater ohne Anfang geboren wurde. Jedoch nennen wir denselben Sohn Gottes deswegen, weil er vom Vater gezeugt wurde, nicht (etwa) „Teil einer zertrennten Natur"; sondern wir behaupten, daß der vollkommene Vater einen vollkommenen Sohn ohne Verminderung und ohne Zertrennung gezeugt hat, weil es allein der Gottheit zukommt, keinen ungleichen Sohn zu haben. Dieser Sohn Gottes ist auch von Natur Sohn, nicht durch Adoption, er, den Gott, der Vater, so muß man glauben, weder aus Willen noch aus Notwendigkeit gezeugt hat; denn weder gibt es in Gott irgendeine Notwendigkeit, noch geht der Wille der Weisheit voraus.

[Der Heilige Geist] Wir glauben auch, daß der Heilige Geist, der die dritte Person in der Dreifaltigkeit ist, ein und derselbe Gott mit Gott, dem Vater, und dem Sohn ist, von einer Substanz, auch einer Natur: gleichwohl ist er nicht gezeugt oder geschaffen, sondern hervorgehend von beiden und beider Geist. Dieser Heilige Geist ist auch, so unser Glaube, weder ungezeugt noch gezeugt, damit man uns nicht nachweist, wir würden, wenn wir ihn ungezeugt nennen, von zwei Vätern reden, oder wenn wir ihn gezeugt nennen, zwei Söhne verkünden; gleichwohl wird er nicht nur der Geist des Vaters und nicht nur der Geist des Sohnes, sondern zugleich der Geist des Vaters und des Sohnes genannt. Denn weder geht er vom Vater aus in den Sohn, noch geht er vom Sohn aus, um die Schöpfung zu heiligen, sondern es wird erwiesen, daß er zugleich von beiden hervorgegangen ist; denn er wird als die Liebe oder Heiligkeit beider erkannt. Dieser Heilige Geist also, so unser Glaube, wurde von beiden gesandt, so wie der Sohn (vom Vater); aber er wird nicht für geringer als der Vater und der Sohn erachtet, etwa so, wie der Sohn bezeugt, er sei wegen des angenommenen Fleisches geringer als der Vater und der Heilige Geist.

[Die Einheit in der Dreifaltigkeit] Dies ist die Darstellung der Heiligen Dreifaltigkeit: Sie darf nicht dreifach, sondern muß Dreifaltigkeit genannt und (als solche) geglaubt werden. Es kann nicht richtig sein, zu sagen, in dem einen Gott sei die Dreifaltigkeit, sondern der eine Gott ist die Dreifaltigkeit. Mit den Namen der Personen aber, die eine Beziehung ausdrücken, wird der Vater auf den Sohn, der Sohn auf den Vater und der Heilige Geist auf beide bezogen: Obwohl sie im Hinblick auf ihre Beziehung drei Personen genannt werden, sind sie, so unser Glaube, doch eine Natur bzw. Substanz. Und wir verkünden nicht, wie drei Personen, so drei Substanzen, sondern eine Substanz, aber drei Personen. Was nämlich „Vater" ist, ist es nicht in Bezug auf sich, sondern in Bezug auf den Sohn; und was „Sohn" ist, ist es nicht in Bezug auf sich, sondern in Bezug auf den Vater; ähnlich wird auch der Heilige Geist nicht auf sich bezogen, sondern auf den Vater und den Sohn, indem er Geist des Vaters und des Sohnes genannt wird. Ebenso wird, wenn wir „Gott" sagen, dies nicht in Bezug auf irgendetwas gesagt, so wie der Vater in Bezug auf den Sohn oder der Sohn auf den Vater oder der Heilige Geist auf den Vater und den Sohn bezogen wird, sondern „Gott" wird im besonderen in Bezug auf sich gesagt.

Denn auch wenn man uns über die einzelnen Personen fragt, müssen wir sie als Gott bekennen. Also wird der Vater Gott, der Sohn Gott und der Heilige Geist Gott, (jeweils) einzeln, genannt: und dennoch gibt es nicht drei Götter, sondern einen Gott. Ebenso wird auch der Vater allmächtig, der Sohn allmächtig und der Heilige Geist allmächtig, (jeweils) einzeln, genannt: und dennoch gibt es nicht drei Allmächtige, sondern einen Allmächtigen, so wie man auch von einem Licht und von einem Urgrund spricht. Also ist nach unserem Bekenntnis und Glauben sowohl jede Person einzeln vollkommener Gott als auch alle drei Personen ein Gott: Sie haben die eine, ungeteilte und gleiche Gottheit, Erhabenheit und Macht, die weder in den einzelnen verringert wird, noch in den dreien vermehrt wird; denn sie hat nichts weniger, wenn jede Person einzeln Gott genannt wird, und nichts mehr, wenn alle drei Personen als ein Gott verkündet werden.

Diese heilige Dreifaltigkeit, die der eine und wahre Gott ist, entzieht sich also weder der Zahl, noch wird sie durch die Zahl erfaßt. In der Beziehung der Personen nämlich erkennt man die Zahl; in der Substanz der Gottheit aber wird nicht etwas erfaßt, was gezählt wäre. Allein darin also, daß sie aufeinander bezogen sind, deuten sie auf die Zahl hin; und darin, daß sie auf sich bezogen sind, entbehren sie der Zahl. Denn dieser Heiligen Dreifaltigkeit kommt so ein ihre Natur betreffender Name zu, daß er bei drei Personen nicht in der Mehrzahl gebraucht werden kann. Deshalb glauben wir auch jenes Wort in den heiligen Schriften: „Groß ist unser Herr und groß seine Kraft, und für seine Weisheit gibt es keine Zahl" (Ps 147,5).

[Die Dreifaltigkeit ist Einheit] Wir werden aber nicht, weil wir sagten, diese drei Personen seien ein Gott, sagen können, daß der Vater derselbe wie der Sohn sei, oder daß der Sohn der sei, welcher der Vater ist, oder daß der, welcher der Heilige Geist ist, der Vater oder der Sohn sei. Denn der Vater ist nicht derselbe wie der Sohn, noch ist der Sohn derselbe wie der Vater, noch ist der Heilige Geist derselbe wie der Vater oder der Sohn; gleichwohl ist der Vater dasselbe wie der Sohn, der Sohn dasselbe wie der Vater, der Vater und der Sohn dasselbe wie der Heilige Geist, nämlich von Natur ein Gott. Wenn wir nämlich sagen, der Vater sei nicht derselbe wie der Sohn, so bezieht sich das auf den Unterschied der Personen. Wenn wir aber sagen, der Vater sei dasselbe wie der Sohn, der Sohn sei dasselbe wie der Vater und der Heilige Geist sei dasselbe wie der Vater und der Sohn, so bezieht sich das offensichtlich auf die Natur, aufgrund derer er Gott ist, bzw. die Substanz; denn sie sind der Substanz nach eins: Wir unterscheiden nämlich die Personen, trennen nicht die Gottheit. Die Dreifaltigkeit also erkennen wir im Unterschied der Personen, die Einheit verkünden wir wegen der Natur bzw. der Substanz. Diese drei also sind eins, nämlich der Natur nach, nicht der Person nach.

[Die ungeteilte Dreifaltigkeit] Gleichwohl dürfen diese drei Personen nicht als trennbar angesehen werden, da, so unser Glaube, keine vor der anderen, keine nach der anderen, keine ohne die andere jemals gewesen ist oder irgendetwas gewirkt hat. Als untrennbar nämlich werden sie befunden sowohl in dem, was sie sind, als auch in dem, was sie tun: denn zwischen dem Vater, der zeugt, und dem Sohn, der gezeugt wurde, und dem Heiligen Geist, der hervorgeht, hat es, so glauben wir, keinen Zeitabstand gegeben, um den der Erzeuger einmal dem Gezeugten vorangegangen ist oder der Gezeugte dem Erzeuger fehlte oder der vom Vater und vom Sohn hervorgehende Geist später erschien. Deshalb also wird diese Dreifaltigkeit von uns untrennbar und unvermischt genannt und geglaubt. Man redet also entsprechend der Lehre der Vorfahren von diesen drei Personen, damit sie (als solche) anerkannt, nicht damit sie getrennt werden. Denn wenn wir das beachten wollen, was die heilige Schrift über die Weisheit sagt: „Sie ist der Glanz des ewigen Lichtes" (Weish 7,26): So wie wir sehen, daß der Glanz dem Licht untrennbar innewohnt, so bekennen wir, daß der Sohn nicht vom Vater getrennt werden kann. Wie wir also diese drei Personen einer einzigen und untrennbaren Natur nicht vermischen, so sagen wir, daß sie auf keine Weise trennbar sind. Denn die Dreifaltigkeit selbst hat sich herabgelassen, uns dies so deutlich zu zeigen, daß sie auch in diesen Namen, in denen nach ihrem Willen die Personen einzeln erkannt werden sollen, nicht zuläßt, daß die eine ohne die andere verstanden wird: Denn weder wird der Vater ohne den Sohn erkannt, noch findet man den Sohn ohne den Vater. Die Bezüglichkeit der Personenbezeichnung selbst verbietet es ja, die Personen zu trennen: Denn wenn sie sie auch nicht zugleich nennt, so weist sie doch zugleich auf sie hin. Niemand aber kann einen von diesen Namen hören, ohne gezwungen zu werden, den anderen mitzuverstehen. Obwohl also diese drei eins sind und das Eine drei, so bleibt doch jeder einzelnen Person ihre Eigentümlichkeit. Der Vater nämlich hat die Ewigkeit ohne Geburt, der Sohn die Ewigkeit mit Geburt, der Heilige Geist aber das Hervorgehen ohne Geburt mit Ewigkeit (DH 525-532).

Das 4. Konzil im Lateran (12. ökumenisches Konzil) (1215)

Wie wir im Kapitel über die Entwicklung der Dreifaltigkeitstheologie bereits gesehen haben, kann man sich das Mysterium der Dreifaltigkeit auf zweierlei Weise vorstellen. Der ersten Vorstellung zufolge ist der Vater Gott und der Sohn und der Heilige Geist haben an seiner Gottheit teil. Diese Vorstellung wird von den Kirchenvätern des Ostens vertreten und weist eine größere Nähe zur Heiligen Schrift auf. Der zweiten Vorstellung zufolge ist die gesamte Dreifaltigkeit Gott. Diese Art, sich das Geheimnis der Dreifaltigkeit vorzustellen, hat sich im Abendland entwickelt und geht insbesondere auf den heiligen Augustinus zurück.

Beide Formen sind gültig – man darf sie nur nicht verabsolutieren, denn keine davon vermag das Mysterium der Trinität voll und ganz auszuschöpfen. Dennoch sind im Lauf der Kirchengeschichte immer wieder Theologen diesem Irrtum verfallen und haben die eine Vorstellung auf Kosten der anderen überbetont. Petrus Lombardus verfasste eine Schrift, in der er versuchte, die zweite Vorstellung in ein System zu bringen; dabei machte er das einzige göttliche Wesen zum Zentrum seiner Spekulation. Daraufhin wollte ein anderer Theologe, Joachim von Fiore, die erste Vorstellung gegen Petrus verteidigen. Dabei geriet ihm jedoch die Unterscheidung zwischen den drei göttlichen Personen zu scharf, und er verfiel in die Irrlehre des Tritheismus. Das 4. Laterankonzil nahm Petrus gegen diese falschen Beschuldigungen in Schutz.

> Wir aber glauben und bekennen unter Zustimmung des heiligen Konzils mit Petrus Lombardus, daß es eine höchste Wirklichkeit gibt, und zwar eine unbegreifliche und unaussprechliche, die wahrhaftig Vater und Sohn und Heiliger Geist ist; drei Personen zugleich und eine jede von ihnen (DH 803 – 806).

Das 2. Konzil von Lyon (1274) und das Konzil von Florenz (1438 - 1445) (14. und 17. ökumenisches Konzil)

Das Credo des Konzils von Konstantinopel erklärt, dass der Heilige Geist aus dem Vater hervorgeht. 589 wurde das Credo auf dem 3. Konzil von Toledo dahingehend verändert, dass der Heilige Geist aus dem Vater und dem Sohn hervorgeht. So beten wir in der lateinischen Kirche das Credo bis heute. Die Ostkirchen haben diese Änderung jedoch nie akzeptiert, was letztlich zum Bruch zwischen der katholischen Kirche und den orthodoxen Kirchen geführt hat. Im Grunde besteht der Unterschied in theologischen Feinheiten, die unseren Glauben eigentlich nicht beeinträchtigen. Aus diesem und anderen Gründen trennten sich die orthodoxen Kirchen des Ostens von der katholischen Kirche. Diese Trennung besteht bis heute.

1274 und 1438 wurden zwei ökumenische Konzilien einberufen, die die Kirchen des Ostens und des Westens wieder zusammenführen sollten. Unter anderem sprach man dort über das Hervorgehen des Heiligen Geistes. Um die Lehre der katholischen Kirche besser zu erklären, die besagt, dass der Heilige Geist aus dem Vater und dem Sohn hervorgeht, erklärt das 2. Konzil von Lyon, dieses Hervorgehen bedeute nicht, dass es zwei göttliche Prinzipien gebe, denn das würde die Einheit in Gott auflösen.

> In treuem und andächtigem Bekenntnis bekennen Wir, daß der Heilige Geist von Ewigkeit her aus dem Vater und dem Sohne, nicht als aus zwei Prinzipien, sondern als aus einem Prinzip, nicht durch zwei Hauchungen, sondern durch eine einzige Hauchung hervorgeht; dies hat die hochheilige Römische Kirche, die Mutter und Lehrerin aller Gläubigen, bis heute bekannt, verkündet und gelehrt, dies hält sie unerschütterlich fest, verkündet, bekennt und lehrt sie; dies enthält die unveränderliche und wahre Auffassung der rechtgläubigen Väter und Lehrer, der lateinischen ebenso wie der griechischen. Weil aber einige aus Unkenntnis der eben genannten unverbrüchlichen Wahrheit in mannigfaltige Irrtümer geraten sind, wollen Wir

solchen Irrtümern den Weg versperren und verurteilen und verwerfen mit Zustimmung des heiligen Konzils diejenigen, die sich unterstehen zu leugnen, der Heilige Geist gehe von Ewigkeit her aus dem Vater und dem Sohne hervor, oder auch in leichtfertigem Unterfangen zu behaupten, daß der Heilige Geist aus dem Vater und dem Sohne als aus zwei Prinzipien und nicht als aus einem hervorgehe (DH 850).

Auch das Konzil von Florenz befasste sich mit diesem Thema und versuchte, die beiden Positionen miteinander in Einklang zu bringen. In einem weiteren Dokument erarbeitete es zudem eine sehr prägnante Darlegung des kirchlichen Dreifaltigkeitsglaubens.

DAS ZWEITE VATIKANISCHE KONZIL (1962 - 1965)

Die Kirche hatte den christlichen Dreifaltigkeitsglauben in ihren Lehren und Dokumenten so präzise dargestellt, dass es seit dem 15. Jahrhundert keiner Neuformulierung mehr bedurfte. Weder das Konzil von Trient (1545 - 1563) noch das Erste Vatikanische Konzil (1868 - 1870) mussten sich mit dem Thema befassen. Das letzte ökumenische Konzil, das Zweite Vaticanum, beabsichtigte ebenfalls keine systematische Abhandlung über Gott und die Dreifaltigkeit. Vielmehr wollte es eingehender und tiefer über die Beziehung zwischen Gott und dem Menschen nachdenken, um auf die menschlichen Hoffnungen und Sehnsüchte unserer Zeit zu reagieren. Unter diesem Blickwinkel befasste es sich jedoch sehr wohl mit der Rolle der göttlichen Personen in der Heilsgeschichte und mit den Sendungen des Sohnes und des Heiligen Geistes.

Das Konzil behandelte das Thema der Dreifaltigkeit in drei Dokumenten. In den Kapiteln zwei bis vier des Dokuments *Lumen Gentium* legt es die Funktion jeder der drei göttlichen Personen innerhalb der Heilsgeschichte dar. Dieses Thema greift es in den Kapiteln zwei bis vier des Dokuments *Ad Gentes* wieder auf, wobei hier jedoch der Sendungsauftrag der Kirche im Blickpunkt steht. In Kapitel 24 von *Gaudium et Spes* schließlich stellt es das trinitarische Leben als Modell und Quelle der interpersonalen Beziehungen innerhalb der menschlichen Gesellschaft vor.

Dekret für die Jakobiten (DH 1330-1331)

> Wegen dieser Einheit ist der Vater ganz im Sohn, ganz im Heiligen Geist; der Sohn ist ganz im Vater, ganz im Heiligen Geist; der Heilige Geist ist ganz im Vater, ganz im Sohn. Keiner geht dem anderen an Ewigkeit voran, überragt (ihn) an Größe oder übertrifft (ihn) an Macht. Denn ewig und ohne Anfang ist, daß der Sohn aus dem Vater entstand; und ewig und ohne Anfang ist, daß der Heilige Geist vom Vater und Sohn hervorgeht. Alles, was der Vater ist oder hat, hat er nicht von einem anderen, sondern aus sich, und er ist Ursprung ohne Ursprung. Alles, was der Sohn ist oder hat, hat er vom Vater, und er ist Ursprung vom Ursprung. Alles, was der Heilige Geist ist oder hat, hat er zugleich vom Vater und Sohn. Aber der Vater und der Sohn (sind) nicht zwei Ursprünge des Heiligen Geistes, sondern ein Ursprung, so wie der Vater und der Sohn und der Heilige Geist nicht drei Ursprünge der Schöpfung (sind), sondern ein Ursprung.

VII. Kapitel

Bilder der Dreifaltigkeit

VII. Kapitel – *Bilder der Dreifaltigkeit*

Vorbemerkung

In der Tradition der Kirche haben verschiedene Kirchenväter und Theologen Bilder benutzt, um das Mysterium der Dreifaltigkeit zu veranschaulichen. Diese Bilder basieren auf Gegebenheiten der materiellen Welt oder der geistigen Natur des Menschen. Sie helfen uns zu verstehen, wie ein einziger Gott zugleich einer und mehrere Personen sein kann. Wie Gott selbst enthält jedes dieser Bilder zugleich eine Einheit und eine Verschiedenheit.

Uns muss jedoch bewusst sein, dass diese Bilder ihre Grenzen haben. Sie sind nützlich, weil sie uns helfen, uns einen bestimmten Aspekt des Dreifaltigkeitsgeheimnisses vorzustellen; doch gleichzeitig sind sie sehr begrenzt und nicht geeignet, dieses Mysterium zur Gänze auszuleuchten. Deshalb darf man den Bildern kein größeres Gewicht beimessen als den Glaubenswahrheiten, die sie zu erklären versuchen.

Bilder aus der materiellen Welt

Die einfachsten Bilder basieren auf Naturphänomenen der materiellen Welt, die auf die eine oder andere Weise eins und dennoch in sich unterschieden sind.

Eines der ältesten Bilder ist das des Feuers, das auf Tatian zurückgeht.[59] Ich möchte sein Bild hier in einer moderneren Sprache

---

[59] Tatian war ein Apologet aus dem zweiten Jahrhundert. Über seine Kindheit und Jugend wissen wir nur, dass er in Ostsyrien geboren wurde und in griechischer Philosophie unterrichtet wurde. Von den heidnischen Philosophen, die er gut kannte, enttäuscht und vom unsittlichen Leben der Heiden abgestoßen, fühlte er sich zur Heiligkeit der christlichen Religion hingezogen. Er ließ sich um das Jahr 150 taufen, schloss sich später jedoch einer gnostischen Sekte an.

wiedergeben. Wenn man drei Streichhölzer aneinanderhält, bilden sie eine einzige Flamme. Jedes Streichholz brennt mit einer eigenen Flamme, und doch sind es keine drei Flammen, sondern nur eine. Zudem wird die Flamme des einen Streichholzes nicht kleiner, wenn man ein zweites daran entzündet. So wird auch in Gott mit der Zeugung des Sohnes dem Vater nichts genommen.

Ein berühmtes Bild ist das des dreiblättrigen Kleeblatts, das der heilige Patrick verwandte, um den Kelten in Irland unseren Dreifaltigkeitsglauben zu erklären. Obwohl es nur ein einziges Kleeblatt ist, hat es doch drei Blätter.

Ein anderes, auf einem Naturphänomen basierendes Bild ist das der Sonne. Die Sonne strahlt Licht und Wärme aus. Die drei Dinge (Sonne, Licht und Wärme) sind so eins, dass, wenn man das eine hat, man zwangsläufig auch die beiden anderen hat. Sie sind untrennbar.

Und dann ist da noch das Bild des Wassers. Das Wasser kann in drei Aggregatzuständen vorkommen, nämlich flüssig, fest und gasförmig, ohne deshalb seine Natur als H_2O zu verlieren.

Die Kirchenväter und die mittelalterlichen Theologen hatten keine Scheu, diese Bilder aus der Natur zur Erklärung des Mysteriums von der Dreifaltigkeit heranzuziehen, weil sie glaubten, dass die ganze Schöpfung an Gott Anteil hat und deshalb die göttliche Seinsweise in der einen oder anderen Form widerspiegelt.

Bilder aus dem Bereich der geistigen Natur des Menschen

Das Bild der Liebe

Dem heiligen Augustinus zufolge[60] kann man die Liebe als Bild für Gott verwenden, weil es drei Elemente braucht, damit die Liebe existieren kann: den Liebenden, den Geliebten und die Liebe selbst. Diese drei Wirklichkeiten lassen sich auf die Dreifaltigkeit anwenden: Der Vater ist der Liebende, der Sohn ist der Geliebte, und der Heilige Geist ist die Liebe zwischen den beiden.

Das Bild der geistigen Fähigkeiten

In diesem Bild stehen die drei Fähigkeiten des menschlichen Geistes, nämlich Erinnerung, Intelligenz und Wille, für die drei göttlichen Personen. Diese drei Fähigkeiten sind verschieden, bilden jedoch ein einziges Leben, einen einzigen Geist und eine einzige Substanz. Unabhängig voneinander können sie nicht bestehen. Ohne Erinnerung gibt es keine Intelligenz, und ohne Intelligenz ist kein Wille möglich.

Das Bild der Selbsterkenntnis des menschlichen Geistes

In diesem Bild werden die drei göttlichen Personen durch den menschlichen Geist symbolisiert, der die Fähigkeit besitzt, sich selbst zu erkennen und infolge dieser Selbsterkenntnis zur Liebe zu gelan-

---
[60] *De Trinitate*, 10-18.

gen. Der Geist steht für den Vater, die Erkenntnis für den Sohn und die Liebe für den Heiligen Geist.

Das Bild der geistigen Natur

Dem heiligen Thomas zufolge gibt es in jeder geistigen Natur zwei Vollzüge: die Erkenntnis und den Willen. Auch in Gott existieren Erkenntnis und Wille. Wie wir im folgenden Kapitel noch sehen werden, gehen die zweite und die dritte Person der Dreifaltigkeit aus diesen beiden Vollzügen hervor: der Sohn als mentales Wort und Ergebnis eines Erkenntnisakts und der Heilige Geist als die Liebe.

Leo Trese

Diese beiden letztgenannten Bilder sind einander sehr ähnlich und werden in Leo Treses Buch *The faith explained*[61] genauer erläutert. Eine bessere Erklärung habe ich nirgends finden können; deshalb zitiere ich sie hier in ihrem vollen Wortlaut:

> Da ist Gott, der Vater, der in seinen göttlichen Sinn hineinschaut und sich selbst sieht, wie er wirklich ist, und einen Gedanken über sich selber formt. Du und ich machen das oft ganz genauso. Wir richten unseren Blick nach innen und sehen uns selbst und machen uns ein Bild von uns selbst. Dieses Bild drückt sich in zwei stummen Worten aus: „John Smith" oder „Mary Jones".

---

[61] Leo John Trese, *La fe explicada*, Madrid 1981, S. 40-43 (Original: *The faith explained*, Chicago 1959).

VII. Kapitel – Bilder der Dreifaltigkeit

Doch es gibt einen Unterschied zwischen unserer Erkenntnis und Gottes Erkenntnis seiner selbst: Unsere Selbsterkenntnis ist unvollkommen, unvollständig. (Unsere Freunde könnten uns Dinge über uns selbst erzählen, die uns überraschen würden – ganz zu schweigen von dem, was unsere Feinde uns erzählen könnten!)

Doch selbst wenn wir uns selbst vollkommen erkennen könnten; selbst wenn das Bild, das wir uns von uns selbst machen, wenn wir stumm unseren eigenen Namen sprechen, ein vollständiges Bild und eine vollkommene Reproduktion wäre, wäre es doch nur ein Gedanke, der in unserem Inneren bleibt. Dieser Gedanke hätte keine eigene Existenz, kein eigenes Dasein. Und selbst in meinem Geist würde der Gedanke in dem Moment aufhören zu existieren, wo ich meine Aufmerksamkeit auf etwas anderes richte. Der Grund hierfür ist, dass das Dasein oder das Leben kein notwendiger Teil meines Selbstbildes ist. Es hat eine Zeit gegeben, da ich nicht existierte. Und ich würde unverzüglich ins Nichts zurückfallen, wenn Gott mich nicht im Dasein hielte.

Doch bei Gott liegen die Dinge ganz anders. Das Dasein ist Teil von Gottes ureigener Natur. Es gibt keine andere Möglichkeit, Gott zu denken, als ihn sich als das Wesen zu denken, das keinen Anfang hat, das Wesen, das immer war und immer sein wird. Wir haben nur eine einzige Möglichkeit, Gott zu definieren; wir können ihn definieren als „Den, der ist". Genauso hat Gott, wie Sie sicherlich noch wissen, sich Mose gegenüber beschrieben: „Ich bin der Ich-bin."

Wenn der Gedanke, den Gott von sich selber hat, also ein unendlich vollständiger und vollkommener Gedanke sein muss, dann muss er das Dasein einschließen, denn da zu sein gehört zu Gottes ureigener Natur. Das Bild seiner selbst, das Gott sieht, das stumme Wort, das er ewiglich von sich selber spricht, muss ein unterscheidbares eigenes Dasein haben. Dieser lebendige Gedanke, den Gott von sich selbst hat, dieses lebendige Wort, in dem er sich vollkommen ausdrückt, nennen wir Gott, den Sohn. Gott, der Vater, ist Gott, der sich selbst erkennt; Gott, der Sohn, ist der Ausdruck von Gottes Selbsterkenntnis. Daher wird die zweite Person der Heiligen Dreifaltigkeit eben deshalb Sohn genannt, weil er von aller Ewigkeit her im göttlichen Sinn des Vaters hervorgebracht und gezeugt wird. Und er wird Wort Gottes genannt, weil er das „mentale Wort" ist, in dem der göttliche Sinn den Gedanken äußert, den er von sich selber hat.

Nun betrachten Gottvater (Gott, der sich selbst erkennt) und Gottsohn (Gottes Selbsterkenntnis) ihre gemeinsame göttliche Natur. Indem sie sie anschauen (wir sprechen natürlich in menschlichen Begriffen), nehmen sie an dieser Natur alles wahr, was in unendlichem Maße schön und gut ist – und daher nur geliebt werden kann. Und so regt sich der göttliche Wille in einem Akt unendlicher Liebe: Liebe zur göttlichen Güte und Schönheit. Da Gottes Liebe zu sich selbst ebenso wie seine Erkenntnis seiner selbst zur ureigenen Natur Gottes gehört, muss es eine lebendige Liebe sein. Diese unendlich vollkommene, unendlich intensive lebendige Liebe, die ewiglich vom Vater zum Sohn hinströmt, nennen wir den Heiligen Geist, „der vom

Vater und vom Sohn ausgeht". Er ist die dritte Person der Heiligsten Dreifaltigkeit.

- Gott Vater ist Gott, der sich selbst erkennt.
- Gott Sohn ist der Ausdruck von Gottes Selbsterkenntnis.
- Gott Heiliger Geist ist das Ergebnis der Liebe Gottes zu sich selbst.

Das ist die Heilige Dreifaltigkeit – drei göttliche Personen in einem Gott, eine göttliche Natur.

Vielleicht wird die Beziehung zwischen den drei göttlichen Personen – Vater, Sohn und Heiliger Geist – etwas klarer, wenn wir sie veranschaulichen.

Stellen Sie sich vor, Sie sehen sich selbst in Lebensgröße in einem Spiegel. Sie sehen ein Abbild Ihrer selbst, das nur in einem Punkt nicht vollkommen ist: Es ist kein lebendiges Abbild, sondern nur eine Spiegelung im Glas. Doch wenn dieses Bild aus dem Spiegel herausträte und sich neben sie stellen würde, wenn es leben und atmen würde wie Sie selbst, dann wäre es in der Tat ein vollkommenes Abbild. Dennoch gäbe es Sie nicht zweimal. Es gäbe Sie, Ihre eine menschliche Natur, nach wie vor nur einmal. Es gäbe zwei „Personen", aber nur einen Sinn und Willen, die dasselbe Wissen und dieselben Gedanken teilen.

Dann würde, weil Eigenliebe (die richtige Form der Eigenliebe) für ein intelligentes Wesen nur natürlich ist, zwischen Ihnen und Ihrem Abbild eine innige Liebe hin- und herströmen. Nun lassen Sie Ihrer Phantasie freien Lauf und stellen Sie sich vor, diese Liebe wäre so sehr ein Teil Ihrer selbst, so tief in ihrer ureigenen Natur verwurzelt, dass sie eine lebendige, atmende Reproduktion Ihrer selbst wäre. Diese Liebe wäre eine „dritte Person" (dabei aber noch immer Sie selbst, das dürfen Sie nicht vergessen: eine und dieselbe menschliche Natur), eine dritte Person, die zwischen Ihnen und Ihrem Abbild stünde, wobei Sie alle Hand in Hand miteinander verbunden wären: drei Personen in einer menschlichen Natur.

Vielleicht kann dieser Ausflug in die Phantasie uns helfen, die Beziehung zwischen den drei Personen der Heiligen Dreifaltigkeit wenigstens ansatzweise zu verstehen: Gottvater, „sieht" sich selbst in seinem göttlichen Sinn an und nimmt dort das Bild seiner selbst war, das so unendlich vollkommen ist, dass es ein lebendiges Bild ist, nämlich Gottsohn; Gott, der Vater, und Gott, der Sohn, aber lieben ihre gemeinsame göttliche Natur, und diese lebendige Liebe ist Gott, der Heilige Geist. Drei göttliche Personen, eine göttliche Natur.

DIE PERICHORESE

Ein letztes Bild, das erklären soll, wie in dem einen Gott eine Vielheit von Personen existieren kann, ist schließlich die Vorstellung von einem traditionellen Tanz namens Perichorese. Bei diesem Tanz umtanzt einer den anderen und der andere wieder den einen, und so fließt in einer ununterbrochenen allseitigen Bewegung immer alles ineinander.⁶² Das Wort Perichorese kommt aus dem Griechischen und heißt „um(-einander) herumgehen" oder „(einander) durchdringen". Es drückt die Einheit der drei göttlichen Personen in einer einzigen Substanz aus. Die Einheit ist im Tanz und die Vielheit in den umeinander kreisenden Tänzern versinnbildlicht. Die drei göttlichen Personen durchdringen einander, um zu einer Einheit ohne Verschmelzung zu gelangen. Anders ausgedrückt: Jede Person 'identifiziert' sich mit der anderen, gibt sich der anderen hin und bewirkt, dass die andere ist.⁶³ Diese Vorstellung von der Einheit Gottes basiert auf der Heiligen Schrift: In Joh 14,11 sagt Jesus: „Glaubt mir doch, daß ich im Vater bin und daß der Vater in mir ist".

---

[62] Vgl. Klaus Hemmerle, *Leben aus der Einheit*, Freiburg 1995, S. 44.
[63] Vgl. R. Cantalamessa, *Schauen auf den dreifaltigen Gott*, Köln 2004, S. 20.

VIII. Kapitel

Vorstellungen von der Dreifaltigkeit

VIII. Kapitel – Vorstellungen von der Dreifaltigkeit

VORBEMERKUNG

In diesem Kapitel möchte ich unsere Beschäftigung mit dem Mysterium der Dreifaltigkeit weiter vertiefen. Im zweiten Kapitel haben wir gesehen, dass das Geheimnis der Heiligsten Dreifaltigkeit das schwierigste gedankliche Problem in der Ideengeschichte der Menschheit gewesen ist. Es ist deswegen so schwierig, weil die Existenz dreier göttlicher Personen mit dem Monotheismus in Einklang gebracht werden muss. Die Antwort, die die Kirche nach jahrhundertelangen intellektuellen Bemühungen schließlich formuliert hat, um dieses Mysterium zu erklären, bestand im Wesentlichen in der Unterscheidung zwischen der göttlichen Substanz, die eine ist, und den göttlichen Personen, die drei sind. Bisher habe ich über die wichtigsten Beiträge der Kirchenväter gesprochen und bin bis zum heiligen Augustinus gekommen.

Jetzt möchte ich die Lehre des heiligen Thomas von Aquin vorstellen, der vielleicht der größte Denker der ganzen Kirchengeschichte gewesen ist. Die Lehre des heiligen Thomas ist wichtig, weil sie fest in der tausendjährigen Tradition der Kirche wurzelt. Das kirchliche Lehramt hat seine Vorstellungen und Begriffe übernommen. Tatsächlich ist seine Lehre so vollständig, dass es nach ihm (der heilige Thomas lebte im 13. Jahrhundert) fast keine größeren Entwicklungen in der Dreifaltigkeitstheologie mehr gegeben hat. Die theologischen Handbücher über die Dreifaltigkeit (einschließlich des vorliegenden) beschränken sich im Wesentlichen darauf, die Lehren des heiligen Thomas darzulegen.

Ich weise darauf hin, dass dieses Kapitel das spekulativste des gesamten Buches ist. Es setzt eine profunde Kenntnis philosophischer Begriffe und Systeme voraus. Ich werde mich bemühen, diese möglichst einfach zu erklären, aber die Materie ist und bleibt schwierig. Dennoch lohnt sich die Mühe für jeden, der die Lehren der Kirche über die Dreifaltigkeit so gut verstehen will, wie es eben geht.

DIE KATEGORIEN DES ARISTOTELES

Um die Grundaussagen dieses Kapitels zu verstehen, bedarf es gewisser Grundkenntnisse über die Kategorien des Aristoteles. Für diejenigen Leser, die mit diesem philosophischen Thema nicht vertraut sind, gebe ich hier eine kurze Einführung.

Wenn wir über etwas oder jemanden sprechen, wenn wir zum Beispiel sagen: „Sokrates ist ein Mensch", „Sokrates ist ein Grieche", oder „Sokrates ist im Theater", dann sagen wir sehr unterschiedliche Dinge über Sokrates. Natürlich ist es nicht dasselbe, ein Mensch zu sein, ein Grieche zu sein und im Theater zu sein. Aristoteles zufolge können wir alle Dinge, die wir über jemanden aussagen, einer von insgesamt zehn verschiedenen Kategorien zuordnen. Diese Kategorien sind:

1. **SUBSTANZ:** Sie betrifft das, was jemand oder etwas an sich ist. Beispiel: Sokrates ist ein Mensch.
2. **QUANTITÄT:** Sie betrifft das physisch Messbare: Gewicht, Größe, Breite, IQ usw. Beispiel: Peter hat einen IQ von 120. Lisa ist 1 Meter 75 groß.
3. **QUALITÄT:** Sie beschreibt die inneren Eigenschaften eines

Objekts, also diejenigen körperlichen und geistigen Fähigkeiten und Anlagen, die sich nicht mathematisch fassen lassen. Beispiel: Der Tisch ist weiß. Peter ist freigiebig.

4. **RELATION:** Sie beschreibt, wie ein Objekt sich zum anderen verhält. Es gibt ganz unterschiedliche Arten von Relationen wie etwa den Zusammenhang von Ursache und Wirkung oder die Äquivalenzrelation. Dinge können auch in einem physischen (kleiner als, größer als …) oder in einem zeitlichen (früher als, später als …) Verhältnis zueinander stehen. Beispiel: Hans ist der Vater von Peter. Lisa ist kleiner als ihre Schwester.

5. **ORT:** Diese Kategorie betrifft die räumliche Position des Objekts in seinem Umfeld, das heißt, sie beschreibt, wo sich jemand oder etwas befindet. Beispiel: „Sie sind im Theater."

6. **ZEIT:** Sie betrifft die zeitliche Position des Objekts im Hinblick auf bestimmte Ereignisse oder in Bezug auf ein beliebiges System der Zeitmessung. Beispiel: Morgen habe ich Geburtstag. Heute ist der 15. September.

7. **LAGE:** Sie betrifft insbesondere die Position verschiedener Teile des Objekts im Verhältnis zueinander und könnte auch als „Pose" oder „Haltung" beschrieben werden. Beispiel: Peter sitzt.

8. **ZUSTAND:** Sie beschreibt die je besondere Weise, wie sich die Substanz befindet. Beispiel: Die Katze schläft. Das Gewehr ist geladen.

9. **TUN:** Sie betrifft die Handlung, die die Substanz ausführt, in ihrer Wirkung auf etwas anderes oder jemand anderen. Hans schlägt Peter. Lisa bringt ein Kind zur Welt.

10. **Leiden:** Diese Kategorie hat nicht unbedingt mit Schmerz oder Krankheit zu tun wie in unserem modernen Sprachgebrauch, sondern betrifft die Handlung aus passiver Sicht, das heißt aus der Sicht desjenigen, der diese Handlung „erleidet", der „behandelt wird". Beispiel: Peter wird von Hans geschlagen.

Was hat all das mit der Dreifaltigkeitstheologie zu tun? Wie wir schon gesehen haben, muss alles, was wir über die Wirklichkeit aussagen können und damit unsere gesamte Kenntnis der Wirklichkeit diesen aristotelischen Kategorien zuzuordnen sein. Deshalb müssen wir diese Kategorien auch verwenden, wenn wir über die Heiligste Dreifaltigkeit sprechen. Das heißt nicht, dass auch Gott sich in diese Kategorien einordnen ließe. Gott ist Gott und übersteigt jegliche Wirklichkeit. Wir aber können nur auf menschliche Weise über Gott sprechen, und das bedeutet, dass wir – wenngleich auf dem Wege der Analogie – auch in unserem Sprechen über Gott auf die genannten Kategorien angewiesen sind.

Die Relationen

Wenn wir von Gott sprechen, können wir dies in den Begriffen der Kategorie der Quantität tun. Gott ist *einer*. Gott ist *drei*. Das Geheimnis der Heiligsten Dreifaltigkeit besteht jedoch gerade darin, dass sie zugleich eins und drei ist. Wir können die beiden Begriffe nicht getrennt anwenden, ohne dieses Geheimnis zu zerstören. Wenn wir das Mysterium des Wesens Gottes aufrechterhalten wollen, brauchen wir einen einzigen Begriff, der sowohl der Einheit als auch der Vielheit gerecht wird.

VIII. Kapitel – Vorstellungen von der Dreifaltigkeit

Für den heiligen Thomas stellte sich daher die Frage, ob es unter den Kategorien des Aristoteles eine gibt, deren Begriffe eine gewisse Einheit und zugleich eine Vielheit beschreiben. Nachdem er jede einzelne Kategorie reiflich geprüft hatte, kam er zu dem Schluss, dass nur eine Kategorie diese Voraussetzungen erfüllt: die Relation. In jeder Relation gibt es eine Einheit und eine Vielheit. Warum?

Eine Relation wird typischerweise als „Beziehung zwischen Gegenständen" definiert. Damit impliziert eine Relation immer zugleich eine Einheit (die eine Beziehung) und eine Vielheit (die verschiedenen Gegenstände). Wenn wir also eine Gottesvorstellung formulieren wollen, die Gottes Einheit und Dreiheit aufrechterhält, können wir ihn nur als Beziehung, als Relation denken.

Ich will versuchen, dies an einem Beispiel zu veranschaulichen. Nehmen wir eine konkrete Familie: Peter, seine Frau Lisa und ihre fünf Kinder. Diese Familie besteht aus einer Vielzahl von Individuen, eben Peter, Lisa und den Kindern. Da sie jedoch aufeinander bezogen sind, also eine Beziehung oder Relation zueinander haben, bilden sie zugleich auch eine einzige Familie. Der Begriff der Familie umfasst eine Einheit (die Familie) und zugleich eine Vielheit (die sieben Individuen). Was macht diese Individuen zu einer einzigen Familie? Die Beziehungen zwischen ihnen. Ohne diese Beziehungen könnten sie unter demselben Dach miteinander leben und wären doch keine Familie im eigentlichen Sinne des Wortes.

Wir können sagen, dass es sich mit Gott so ähnlich verhält. Wie die Vorstellung von der Familie beinhaltet auch die Vorstellung von der

Heiligsten Dreifaltigkeit eine Einheit – es gibt nur einen Gott – und zugleich eine Vielheit, nämlich die drei göttlichen Personen. Die Beziehungen zwischen den göttlichen Personen stellen diese Einheit her.

Gehen wir einen Schritt weiter. Wir haben gesehen, dass der Begriff der Beziehung oder Relation die einzige Vorstellung ist, die eine Einheit und zugleich auch eine Vielheit umfasst. Doch es gibt viele Arten von Beziehungen, die wiederum anhand der zehn Kategorien beschrieben werden können. Wir wissen ja, dass Gott alle Kategorien übersteigt, aber: Mithilfe welcher Kategorie können wir zumindest versuchen, die Relation oder Beziehung in Gott näher zu bestimmen?

Kommen wir auf unser Beispiel zurück: Peters Familie. Wir haben gesagt, dass die Familie aufgrund der Beziehungen zwischen den sieben Individuen existiert. Jetzt wollen wir wissen, was für eine Art von Beziehung das ist, mit anderen Worten: Anhand welcher Kategorie lässt sich die Relation, die Peter, Lisa und die Kinder zu einer Familie macht, in ihrer Besonderheit bestimmen?

Vielleicht ist es die Kategorie des Ortes. Leben sie denn nicht alle in ein und demselben Haus? Man ahnt sofort, dass das nicht die richtige Antwort sein kann. Auch wenn das Zusammenleben unter einem Dach eine gewisse Beziehung unter den verschiedenen Individuen entstehen lässt, hängt es nicht von der örtlichen Beziehung ab, ob mehrere Menschen eine Familie sind oder nicht. Und auch die Kategorie der Zeit ist nicht entscheidend. Sie leben zwar alle zur gleichen Zeit, aber auch das macht sie noch nicht zu einer Familie.

VIII. Kapitel – Vorstellungen von der Dreifaltigkeit

Wenn wir den Fall gründlich untersuchen, entdecken wir zwei Arten von Relationen. Da ist zunächst die Beziehung der Eheleute Peter und Lisa. Bei seiner Hochzeit hat Peter die Familie, in der er aufgewachsen ist, verlassen, um gemeinsam mit seiner Frau eine neue Familie zu gründen. Die beiden wurden ein Fleisch, wie es im Buch Genesis heißt.

Eine andere Beziehung besteht zwischen den Eheleuten Peter und Lisa (die ein Fleisch sind) und ihren fünf Kindern. Peter und Lisa sind die Eltern ihrer Kinder, sie haben sie gezeugt und geboren und bilden deshalb gemeinsam mit ihnen eine Familie. Umgekehrt sind die Kinder Kinder, weil sie von ihren Eltern gezeugt und geboren worden sind. Die Relation ist eine Relation von Tun und Leiden, weil sie durch das aktivische Zeugen (Tun) und das passivische Gezeugt-Werden (Leiden) besteht.

Wenden wir diese Überlegung nun auf Gott an. Wir haben gesehen, dass die Kategorie der Relation der einzige Weg ist, uns eine Einheit und gleichzeitig eine Vielheit vorzustellen. Wie im Beispiel von Peters Familie fragen wir uns: Was für eine Art von Relation liegt hier vor? Das heißt: Welche Kategorien können wir verwenden, um die Relationen in Gott zu beschreiben?

- Substanz: Sie ist nicht auf die Relationen in Gott anwendbar, weil die Substanz immer eine ist und die Vielheit gänzlich ausschließt.
- Qualität: Sie ist nicht auf die Relationen in Gott anwendbar, weil man in Gott nicht von Qualitäten sprechen kann.

- Quantität: Sie ist nicht auf die Relationen in Gott anwendbar, weil es in Gott keine zählbaren Teile gibt: Er ist vollkommen eins und ungeteilt.
- Zeit, Ort und Lage: Sie sind nicht auf die Relationen in Gott anwendbar, weil sie sich auf etwas beziehen, das außerhalb des Subjekts ist; in Gott aber gibt es nichts, das außerhalb seiner selbst wäre.
- Zustand: Auch diese Kategorie ist nicht auf die Relationen in Gott anwendbar, weil man in Gott nicht von Zuständen sprechen kann.

Auf dem Wege des Ausschlussverfahrens können wir also acht der zehn Kategorien streichen, sodass außer der Kategorie der Relation selbst nur noch zwei Möglichkeiten übrig bleiben: Tun und Leiden. Wenn wir sagen wollen, welche Arten von Relationen in Gott existieren, können wir nur diese beiden Kategorien verwenden.

Lassen Sie mich das bisher Gesagte noch einmal zusammenfassen: Die Familie von Peter und Lisa konstituiert sich als Familie durch die Relationen oder Beziehungen zwischen den Individuen, wobei diese Beziehungen das Resultat eines bestimmten Tuns oder bestimmter Handlungen (Heirat und Zeugung) sind. In analoger Weise können wir die Einheit und Vielheit Gottes als das Ergebnis von Relationen beschreiben, die sich durch ein Tun in Gott konstituieren.

Diese Beschreibung funktioniert jedoch nur auf dem Wege der Analogie, weil zwischen den Tun-Leiden-Relationen in den Geschöpfen und in Gott ein wesentlicher Unterschied besteht. In der geschaffenen

Welt gibt es zwei Arten des Tuns oder Handelns: Handlungen außerhalb des Subjekts, die ein vom Subjekt unterschiedenes Objekt erfordern, und Handlungen innerhalb des Subjekts, bei denen Objekt und Subjekt identisch sind. Wir können nicht sagen, dass es in Gott eine äußere Handlung, ein Tun nach außen hin gibt, weil in diesem Fall der Gegenstand oder das Objekt der Handlung, der vom Vater gezeugte Sohn, ein anderer wäre als der Vater.[64]

Wenn also das Tun der Zeugung nicht außerhalb des Subjekts ist, muss es innerhalb sein. Zwar gibt es solche inneren Handlungen auch in der geschaffenen Welt, doch führen sie immer entweder zu einer Veränderung im Subjekt (Verlust oder Gewinn einer Sache) oder zu einer inneren Bewegung, die eine Veränderung im Subjekt verursacht. Für Gott können wir dies jedoch nicht annehmen, denn Gott ist absolut Einer und unveränderlich.[65]

Das Tun Gottes kann also weder Bewegung noch Veränderung hervorbringen. Deshalb unterscheidet es sich von jedem Tun, das wir in unserer Welt wahrnehmen. In Gott sind die Handlungen der Sohnzeugung oder der Geisthauchung Handlungen in Gott, die weder Bewegung noch Veränderung bewirken. Was für eine Art von Handlung kann das sein? Die Wahrheit ist, dass wir es nicht wissen.

---

[64] Im Grunde ist genau dies der Irrtum der arianischen Irrlehre und mancher Sekten wie der Zeugen Jehovas, der Mormonen und gewisser nichttrinitarischer Gemeinschaften innerhalb der adventistischen Bewegung. Sie sind der Auffassung, dass der Vater den Sohn als einen anderen außerhalb seiner selbst zeuge. Dies aber widerspricht dem Jesuswort: „Ich und der Vater sind eins" (Joh 10,30).

[65] In Gott ist nur ein einziges Subjekt, und dieses Subjekt verändert sich nicht. Deshalb sprechen wir von einer internen Relation, das heißt, nicht von einer Relation Gottes, sondern von einer Relation in Gott (vgl. Paolo Scarafoni, *En el nombre del Padre y del Hijo y del Espíritu Santo*, Nueva Evangelización, 1999).

Die Emanationen

Das Tun Gottes, das Beziehungen zwischen den göttlichen Personen herstellt, nennt sich Emanation. Um das besser zu verstehen, werden wir eines der Bilder zu Hilfe nehmen, die wir im Kapitel über die Bilder der Dreifaltigkeit besprochen haben. Es ist das Bild der geistigen Natur, die zwei Vollzüge kennt: erkennen und lieben. Gott ist ein geistiges Wesen, und deshalb gibt es auch in ihm diese beiden Vollzüge, die wir als Emanation oder, im Einzelnen, als *Zeugung* (Erkenntnis) und *Hervorgehen* (Liebe) bezeichnen.

Die Zeugung des Sohnes

Wie Peter und Lisa ihre Kinder zeugen und wie der Intellekt Gedanken hervorbringt, so zeugt auch Gottvater seinen Sohn. Darauf werden wir im nächsten Kapitel noch näher eingehen. Man kann die Zeugung als aktives Tun – der Vater zeugt den Sohn – oder als passives „Leiden" – der Sohn wird vom Vater gezeugt – betrachten.

Dieses Bild, das wir verwenden, um von Gott zu sprechen, kann uns als Gedankenstütze dienen, ist aber letztlich doch sehr begrenzt. Man darf es nicht wörtlich interpretieren, als wäre der Vater der Intellekt Gottes und der Sohn der von diesem Intellekt hervorgebrachte Gedanke. Mit diesem Bild soll das Tun, die als Zeugung bezeichnete Emanation, hervorgehoben werden. Von Bedeutung ist aber auch die Rollenzuordnung, die in diesem Bild vorgenommen wird: So wie der Intellekt den Gedanken und nicht der Gedanke den Intellekt hervorbringt, so ist es auch der Vater, der den Sohn zeugt, und nicht umgekehrt.

DAS HERVORGEHEN DES HEILIGEN GEISTES

Das Tun oder die Handlung, durch die der Vater den Sohn hervorbringt, nennen wir Zeugung, weil es der natürlichen Zeugung gleicher Wesen ähnelt, wie wir sie aus der Natur kennen. Die Emanation des Heiligen Geistes können wir jedoch nicht so präzise benennen, weil es hierzu in unserer natürlichen Umgebung nichts Entsprechendes gibt. Wir bezeichnen sie lediglich ganz allgemein als ein Hervorgehen.

Der Sohn wird nur vom Vater gezeugt, während der Heilige Geist aus dem Vater und dem Sohn hervorgeht, wie wir im Credo beten. Er geht aus dem Vater hervor, wie Jesus selbst gesagt hat,[66] aber er geht aus dem Vater hervor, der den Sohn schon gezeugt hat, und deshalb sagen wir, dass der Heilige Geist als die Liebe, die aus dem Willen hervorgeht, aus dem Vater und dem Sohn hervorgeht.

UNTERSCHIEDE ZWISCHEN DER ZEUGUNG UND DEM HERVORGEHEN

Wir können das Hervorgehen des Heiligen Geistes nicht ebenfalls als eine Zeugung oder Geburt betrachten. Zeugung bedeutet Ähnlichkeit. Ein Sohn ähnelt seinem Vater, und bei Gott ist es sogar so, dass der Sohn mit dem Vater identisch ist, wie wir im nächsten Kapitel noch sehen werden. Wir sagen nicht, dass der Heilige Geist ein zweiter Sohn des Vaters ist. Er ist eher ein Vermögen oder eine Kraft. Er ist die Liebe,

---

[66] „Wenn aber der Beistand kommt, den ich euch vom Vater aus senden werde, der Geist der Wahrheit, der vom Vater ausgeht, dann wird er Zeugnis für mich ablegen" (Joh 15,26).

die den Vater und den Sohn eint, so, wie die menschliche Liebe zwei Personen eint. Dennoch ist der Heilige Geist Gott, weil Gott vollkommen Einer ist und deshalb sein Vermögen oder seine Kraft zu handeln (der Heilige Geist) mit seinem Sein (dem Vater) in eins fällt.

DIE RELATIONEN IN GOTT

Die beiden Handlungen Gottes – die Zeugung des Sohnes und das Hervorgehen des Heiligen Geistes – stellen in Gott vier Relationen oder Beziehungen her, weil jede Handlung aus aktiver (der Vater zeugt den Sohn; der Vater und der Sohn hauchen den Heiligen Geist) oder passiver Sicht (der Sohn wird vom Vater gezeugt; der Heilige Geist geht aus dem Vater und dem Sohn hervor) betrachtet werden kann. Diese vier Beziehungen heißen:

- *Vaterschaft* – die Beziehung des Vaters zum Sohn, den er zeugt.
- *Sohnschaft* – die Beziehung des Sohnes zum Vater, der ihn zeugt.
- *Hauchung* – die Beziehung des Vaters und des Sohnes zum Heiligen Geist, den sie hauchen.
- *Hervorgehen* – die Beziehung des Heiligen Geistes zum Vater und zum Sohn, aus denen er hervorgeht.

Wir sagen, dass diese Relationen in Gott substantiell sind. In der geschaffenen Welt sind die Beziehungen akzidentiell, weil sie als etwas Nichtwesentliches zum Wesentlichen, also zur Substanz, „hinzukommen". In Gott aber gibt es nichts Akzidentielles. Gott ist das höchste Sein und geht völlig über die aristotelischen Kategorien hinaus. Wenn die Relationen aber nicht akzidentiell sind, bilden sie einen Teil seines göttlichen Wesens. Gott ist Substanz und Relation zugleich. Wie? Das können wir nicht erklären.

DIE GÖTTLICHEN PERSONEN

Mithilfe des Bildes von der geistigen Natur, die zwei Vollzüge kennt (das Erkennen und das Lieben), entdecken wir in Gott zwei Handlungen: die Zeugung des Sohnes und das Hervorgehen des Heiligen Geistes. Diese beiden Handlungen konstituieren vier Beziehungen oder Relationen, und aufgrund dieser Relationen können wir zwischen den drei göttlichen Personen unterscheiden.

Bisher haben wir den Vater, den Sohn und den Heiligen Geist als Personen bezeichnet. Das entspricht dem allgemeinen Sprachgebrauch. Auf die Frage: „Wer sind Vater, Sohn und Heiliger Geist?", würde jeder, der seinen Katechismus kennt, antworten: Das sind die göttlichen Personen. Doch was heißt das eigentlich, eine Person zu sein? Ich werde im Folgenden einige systematische Überlegungen zur Bedeutung des Personseins anstellen, die uns helfen sollen, diese Frage zu beantworten.

Die traditionelle Definition der Person stammt von Boëthius[67] und lautet: „die individuelle Substanz einer vernunftbegabten Natur". Diese Definition trifft auf uns zu, und deshalb sind wir Personen.

---

[67] Anicius Manlius Severinus Boëthius, auch bekannt unter dem Namen Boethius (ca. 480–524 AD), war ein Philosoph des frühen 6. Jahrhunderts. Er wurde in Rom als Sohn einer alten und berühmten Familie geboren, zu denen auch die Kaiser Petronius Maximus und Olybrius sowie zahlreiche Konsuln zählten. Boethius wurde von König Theoderich, König der Ostgoten, gefangengenommen und wahrscheinlich auch hingerichtet, da er unter den Verdacht der Verschwörung mit dem oströmischen Reich geriet. Im Gefängnis verfasste er seinen Trost der Philosophie, eine philosophische Abhandlung über Glück, Tod und andere Themen. Der Trost der Philosophie wurde zu einem der bekanntesten und einflussreichsten Werke des Mittelalters.

Wir sind individuelle Substanzen einer vernunftbegabten Natur. Auch ein Schimpanse ist eine individuelle Substanz, aber er ist nicht vernunftbegabt, und deshalb ist er keine Person.

Dieser Personbegriff lässt sich perfekt auf die menschlichen Personen, nicht aber auf Gott und auch nicht auf die Engel anwenden, die doch ebenfalls Personen sind. Deshalb schlug der heilige Thomas vor, die traditionelle Definition der Person umzuändern in: „ein verschiedenes in Intellektnatur für sich Bestehendes". Wir wollen sehen, warum.

- Substanz – bezeichnet das, was Sein *an sich* hat, im Unterschied zu den Akzidentien, die *an etwas* (anderem) sind. Eine existierende Substanz hat Akzidentien. Gott aber hat keine Akzidentien: An ihm ist nichts zufällig oder unwesentlich. Deshalb ist es besser, den Begriff der „Substanz" zu vermeiden. Der Begriff des „für sich Bestehenden" bezeichnet ebenfalls etwas, das an sich existiert, hat aber den Vorteil, dass man ihn nicht spontan mit dem Begriff der Akzidentien in Verbindung bringt.

- Individuell – man kann Gott aus zwei Gründen nicht als Individuum bezeichnen. Ein Individuum ist nur in Abgrenzung gegen ein Kollektiv definierbar; es ist gewissermaßen eines von vielen *ähnlichen* Exemplaren. Gott dagegen ist das absolut transzendente Sein. Er kann korrekterweise nicht als Individuum oder Einzelexemplar bezeichnet werden, weil er mit nichts zu vergleichen und demnach nichts anderem ähnlich ist. Ein anderer, eher philosophischer Grund ist der, dass die Tatsache, ein Individuum zu sein, eine Vervollkommnung ist, die der Natur etwas hinzufügt. Wenn wir sagen, dass Peter ein Individuum ist, dann begründen wir dies nicht mit seiner menschlichen Natur – die hat er nämlich mit allen Menschen gemeinsam, sie ist also „nichts Besonderes" –, sondern damit, dass er *er selber* ist. Dabei sind es die Eigenschaften der Materie, die die Individualität des Einzelnen aus machen. Deshalb können wir, wenn wir Missverständnisse vermeiden wollen, Gott nicht als Individuum bezeichnen, denn es ist undenkbar, dass irgendetwas an Gott durch die Materie bedingt ist. Gott ist nicht materiell. Aus diesem Grund ist der Begriff „verschieden" besser als der Begriff „individuell". Gott ist einmalig und unwiederholbar und damit von allem anderen, was wir kennen, verschieden.

- Vernunftbegabte Natur – vernunftbegabt oder rational zu sein heißt, progressiv oder schrittweise zu erkennen. Das menschliche Erkennen ist insofern rational, als wir die Dinge Schritt für Schritt erkennen. In diesem Sinne ist Gott aber kein rationales Wesen: Er erkennt alles unmittelbar. Deshalb hat der heilige Thomas den Begriff „Intellektnatur" (*natura intellectualis*) vorgeschlagen. Dieser Begriff bezeichnet ein mehr-als-sinnenhaftes Erkennen, das aber in seiner Art nicht auf die Logik der menschlichen Vernunft festgelegt wird und damit eher geeignet ist, auch die Erkenntnisweise Gottes zu beschreiben.

Ich habe gesagt, dass wir die drei göttlichen Personen anhand der Beziehungen oder Relationen in Gott unterscheiden können. Das will ich jetzt erklären. Wie wir gesehen haben, ist eine Person ein verschiedenes in Intellektnatur für sich Bestehendes. Seinem Selbstsein nach ist Gott der für sich Bestehende, und seiner Natur nach ist er erkennend. Gott ist jedoch auch Person und muss deshalb verschieden sein. Worin also unterscheiden sich die göttlichen Personen? Dem Sein nach sind sie identisch, doch der Relation nach sind sie verschieden. Obwohl sie in ihrem Sein identisch sind, ist Zeugen nicht dasselbe wie Gezeugtwerden oder Hervorgehen.

Wenn es die Beziehungen oder Relationen sind, die die Verschiedenheit der göttlichen Personen ausmachen, wird sich der aufmerksame Leser fragen, warum es nur drei göttliche Personen, aber vier Relationen gibt. Die Antwort ist einfach. Dem hier verwandten Personbegriff zufolge muss eine Person verschieden sein. Eine Verschiedenheit aber ergibt sich nur aus drei der vier genannten Relationen. Warum?

Die Relation der Vaterschaft unterscheidet den Vater vom Sohn. Der Vater zeugt, der Sohn nicht. Die Relation der Sohnschaft unterscheidet den Sohn vom Vater. Der Sohn wird gezeugt, der Vater nicht. Auch aus der Relation des Hervorgehens ergibt sich eine Verschiedenheit. Der Heilige Geist geht aus dem Vater und dem Sohn hervor. Er ist insofern verschieden, als weder der Vater noch der Sohn aus einem anderen hervorgehen. Die Relation der Hauchung bedingt jedoch keine neue Verschiedenheit. Vater und Sohn hauchen den Heiligen Geist, und weil sie dies beide tun, unterscheiden sie sich darin nicht voneinander. Ihnen beiden ist gemeinsam, dass sie den Heiligen Geist hauchen.

SCHLUSSFOLGERUNG

Hervorgehen, Relation, Person, das alles sind Begriffe und Vorstellungen, die die Dreifaltigkeitstheologie bei ihrem Versuch entwickelt hat, sich dem Mysterium der Trinität anzunähern. Die Terminologie, die das kirchliche Lehramt heute verwendet, geht zu einem beträchtlichen Teil auf den heiligen Thomas von Aquin zurück. Nachdem wir uns genauer mit der Bedeutung dieser Begriffe befasst haben, bietet es sich an, die Aussagen des kirchlichen Lehramts noch einmal zu lesen, die wir im vierten Kapitel zusammengetragen haben.

Abschließend möchte ich diese Analyse kurz bewerten. Wir haben versucht, anhand der Kategorien oder Seinsweisen des Aristoteles Erkenntnisse über das Leben Gottes zu gewinnen. In Wirklichkeit aber vermeiden es die Theologen, zu sagen, dass wir etwas über das Leben Gottes „erkennen" könnten. Anstelle einer Erkenntnis sprechen sie von trinitarischen „Vorstellungen". Eine Vorstellung von etwas zu haben ist sehr viel allgemeiner, sehr viel unbestimmter und schwächer als eine Erkenntnis über eine Sache. Mit dieser Ausdrucksweise machen die Theologen deutlich, dass unsere „Erkenntnis" von Gott sehr begrenzt ist.

Wir wenden die aristotelischen Kategorien auf Gott an, weil dies unserer Art zu denken entspricht. Tatsächlich aber sind diese Seinsweisen ausschließlich auf die geschaffene Wirklichkeit und nicht auf Gott anwendbar, weil Gott alles Geschaffene absolut übersteigt. Wir müssen die Kategorien auf Gott anwenden, weil dies unser einziger Weg der Erkenntnis ist, und wenn wir sie nicht in Anwendung brächten, könnten wir gar nichts über die Dreifaltigkeit erkennen oder aussagen außer, dass sie ist. Wir müssen aber anerkennen, dass unsere Erkenntnis äußerst begrenzt ist. Wir haben lediglich eine Vorstellung davon, was Gott ist.

Der heilige Thomas selbst gibt zu, dass diese Vorstellung von der göttlichen Dreifaltigkeit als einer Substanz, die sich qua Tun-Leiden-Relation innerhalb ihrer selbst auf sich selbst bezieht, die Wirklichkeit Gottes nur völlig unzureichend abbildet. Er schreibt:

> Von der Gottheit sprechen wir aber, wie es unsere menschliche Art ist; und diese Sprechweise gewinnt unser Intellekt aus den niederen Dingen, über die er ein Wissen erlangt. Wie man nämlich einem bestimmten niederen Ding ein Tätigsein zuspricht, so spricht man ihm mit dem Wort „Vermögen" ein Prinzip für sein Tätigsein zu. Genauso verfährt man auch angesichts der Gottheit, obgleich es in Gott keinen Unterschied zwischen einem Vermögen und einem Tätigsein wie bei den erschaffenen Dingen gibt. Behauptet man daher von Gott eine Zeugung, mit der man eine Art von Tätigsein meint, so muß man bei ihm auch ein Vermögen zur Zeugung bzw. ein zeugendes Vermögen einräumen. (*Quaestiones disputatae de potentia*, q. 2 a. 1 co.).[68]

---

[68] Thomas von Aquin, *Über Gottes Vermögen*, Übers. u. Hg. von Stephan Grotz, Teilband 1 (Quaestiones Disputatae, Bd. 7), Hamburg 2009, S. 62.

> Ein Vermögen, das man Gott zuschreibt, ist im eigentlichen Sinn weder ein aktives noch ein passives. Denn an Gott treten weder ein Tätigsein noch ein Erleiden als kategoriale Bestimmungen auf. Vielmehr ist sein Tätigsein seine Substanz. Ein Vermögen liegt aber in Gott im Sinne eines aktiven Könnens. Gleichwohl muß man nicht annehmen, daß der Sohn das Resultat eines Tätigseins bzw. geschaffen ist, und ebensowenig, daß in Gott ein Tätigsein oder ein Erleiden im eigentlichen Sinne liegt. (*Quaestiones disputatae de potentia*, q. 2 a. 1 ad 1).[69]

Kurzum, wir drücken in Gott die Zeugung des Sohnes und die Hauchung des Heiligen Geistes als Tun-Leiden aus, weil wir eben keine anderen Begriffe haben. Wir sind begrenzte Wesen und müssen unsere begrenzte Weise, die Wirklichkeit zu erkennen, auch auf Gott anwenden. Wenn wir in den Himmel kommen und Gott von Angesicht zu Angesicht schauen, werden wir entdecken, dass seine Wirklichkeit vollkommen anders ist.

Obwohl aber diese Art, von Gott zu sprechen und sein Dreifaltigkeitsgeheimnis zu begreifen, sehr begrenzt ist, hat sie doch auch einen Vorteil: Sie lässt sich mit dem vereinbaren, was in der Heiligen Schrift über die Dreifaltigkeit geoffenbart ist. Das Neue Testament nennt Gott Vater und Jesus Sohn,[70] und es rechtfertigt auch unseren Glauben an die Vielheit in Gott, die sich auf die Relationen von Ursprung und Abstammung oder konkret von Zeugung[71] und Hervorgehen[72] stützt.

---

[69] Ebd.
[70] „Niemand hat Gott je gesehen. Der Einzige, der Gott ist und am Herzen des Vaters ruht, er hat Kunde gebracht" (Joh 1,18).
[71] „So hat auch Christus sich nicht selbst die Würde eines Hohepriesters verliehen, sondern der, der zu ihm gesprochen hat: Mein Sohn bist du. Heute habe ich dich GEZEUGT" (Hebr 5,5).
[72] „...der Geist der Wahrheit, der vom Vater AUSGEHT" (Joh 15,26).

IX. Kapitel

Das göttliche Leben

IX. Kapitel – Das göttliche Leben

Vorbemerkung

Von dem dreieinigen Gott zu sprechen bedeutet, von den göttlichen Personen zu sprechen, das heißt, sich dem Mysterium des innertrinitarischen Lebens selbst zu nähern. Hier betreten wir heiligen Boden. Wie Mose müssen wir daher unsere Schuhe ausziehen: uns läutern. Was wir in diesem Kapitel vorstellen wollen, sind weniger philosophische Überlegungen und Früchte intellektueller Bemühungen als vielmehr betrachtende Gedanken zum göttlichen Leben und seinem Verhältnis zum menschlichen Leben.

Den Ausgangspunkt unserer Betrachtung bildet die Frage über die biblische Bedeutung der Begriffe „Vater" und „Sohn". Wir werden sehen, was die Bibel über Gott als den Vater und Jesus Christus als den Sohn aussagt. Danach werde ich versuchen, diese göttliche Vaterschaft und Sohnschaft detaillierter zu erläutern. Der dritte Gedanke soll die Beziehung zwischen Vater und Sohn beleuchten. Gegenstand der vierten Betrachtung wird die Vorstellung vom trinitarischen Leben als einer wechselseitigen Selbsthingabe sein. Ein fünfter, sehr kostbarer Gedanke richtet sich auf die innertrinitarische Freude als Frucht dieser wechselseitigen Selbsthingabe. Die genannten Abschnitte sind dem Vater und dem Sohn gewidmet – es fehlt noch eine Meditation über den Heiligen Geist. Nachdem ich über die Verschiedenheit in der Dreifaltigkeit gesprochen habe, möchte ich zum Abschluss unserer Überlegungen im Licht des bisher Gesagten die vollkommene Einheit und Wechselseitigkeit zwischen Vater, Sohn und Heiligem Geist betrachten.

Die biblische Bedeutung der Begriffe „Vater" und „Sohn"

Vater

Jesus selbst ist die wichtigste Quelle der Offenbarung, dass Gott ein Vater ist. Doch auch im Alten Testament wird Gott gelegentlich Vater genannt oder zumindest mit einem Vater verglichen, auch wenn die Vorstellung von der göttlichen Vaterschaft dort noch nicht voll und ganz entwickelt ist. In Psalm 103,13 heißt es zum Beispiel: „Wie ein Vater sich seiner Kinder erbarmt, so erbarmt sich der Herr über alle, die ihn fürchten."

Das Alte Testament betrachtet Gott nicht deshalb als einen Vater, weil er einen Sohn gezeugt, sondern weil er Israel in einem freien Entschluss zu seinem auserwählten Volk gemacht hat: „Ist er nicht dein Vater, dein Schöpfer? Hat er dich nicht geformt und hingestellt?" (Dtn 32,6).

Diese Wahl-Vaterschaft gilt in besonderer Weise auch für die Könige, die als auserwählte Söhne Gottes verstanden werden. So sagt Gott über König David: „Ich will für ihn Vater sein und er wird für mich Sohn sein" (2 Sam 7,14). Und in Psalm 2,6-7 heißt es: „'Ich selber habe meinen König eingesetzt auf Zion, meinem heiligen Berg.' Den Beschluß des Herrn will ich kundtun. Er sprach zu mir: 'Mein Sohn bist du. Heute habe ich dich gezeugt.'"

Der Prophet Hosea verleiht dieser göttlichen Vaterschaft geradezu zärtliche Züge: „Als Israel jung war, gewann ich ihn lieb, ich rief meinen

Sohn aus Ägypten. Je mehr ich sie rief, desto mehr liefen sie von mir weg. [...] Ich war es, der Efraim gehen lehrte, ich nahm ihn auf meine Arme. Sie aber haben nicht erkannt, daß ich sie heilen wollte. Mit menschlichen Fesseln zog ich sie an mich, mit den Ketten der Liebe. Ich war da für sie wie die (Eltern), die den Säugling an ihre Wangen heben. Ich neigte mich ihm zu und gab ihm zu essen" (Hos 11,1-4).

Diese Art, von Gott zu sprechen, ist im Alten Testament jedoch nicht sehr weit verbreitet. Zudem sollten wir uns davor hüten, die Vorstellungen des Alten Testaments nach unseren eigenen Begriffen zu beurteilen. In der biblischen Kultur des Alten Testaments verkörperte der Vater weniger eine liebevolle und nahe als vielmehr eine anspruchsvolle und gebieterische Gestalt. Er war das sichtbare Oberhaupt der Familie und ihr Vertreter in allen öffentlichen Belangen. Ihm oblag es, für den Unterhalt der Familie zu sorgen und sie zu beschützen. Überdies war er für die Erziehung der Kinder verantwortlich und wachte über den Zusammenhalt und das gute Betragen sämtlicher Angehörigen. In diesem Sinn war der Vater mit einer großen Autorität bekleidet und konnte mit Fug und Recht erwarten, dass die übrigen Familienmitglieder ihm gehorchten. Etwaiger Ungehorsam vonseiten eines Kindes war eine schwere Beleidigung und wurde streng bestraft.

> Mein Sohn, verachte nicht die Zucht des Herrn, widersetz dich nicht, wenn er dich zurechtweist. Wen der Herr liebt, den züchtigt er, wie ein Vater seinen Sohn, den er gern hat (Spr 3,11-12).

Wie wir gesehen haben, spricht das Alte Testament zwar ebenfalls von Gott als einem Vater, doch diese Vorstellung nahm im Glauben der Israeliten keine besondere Stellung ein. Es handelt sich nur um ein Bild unter vielen, die die Sorge Gottes für sein auserwähltes Volk beschreiben.

Erst mit dem Leben Jesu erhält die Vaterschaft Gottes eine zentrale Bedeutung innerhalb der Offenbarung. Jesus nennt Gott in den Evangelien ganze 170mal „Vater". Eine noch größere – und aufgrund ihrer Vertraulichkeit für einige sogar skandalöse – Neuerung bestand jedoch darin, dass er ihn „Abba" nannte. So redeten die Kinder in Israel in ihrer typisch kindlichen Sprache ihre Väter an (und sie tun dies noch heute). „Abba" entspricht ungefähr unserem „Papa" und drückt eine besonders herzliche und vertraute Beziehung Jesu zu seinem Vater aus.

Außerdem lehrt Jesus uns, dass aufgrund seiner Mittlerschaft Gott auch der Vater aller Menschen ist:

> Bittet, dann wird euch gegeben [...]. Wenn nun schon ihr, die ihr böse seid, euren Kindern gebt, was gut ist, wie viel mehr wird euer Vater im Himmel denen Gutes geben, die ihn bitten (Mt 7,7.11).

Er lehrt uns, Gott als Vater anzureden: „So sollt ihr beten: Unser Vater im Himmel..." (Mt 6,9). Dennoch unterscheidet er stets zwischen seiner und unserer persönlichen Beziehung zum Vater: „Ich gehe hinauf zu MEINEM VATER und zu EUREM VATER, zu meinem Gott und zu eurem Gott" (Joh 20,17). Wir sind wahrhaft Kinder Gottes, doch in einer Weise, die sich wesentlich von der Sohnschaft des Gottessohnes unterscheidet. Jesus ist von Natur aus der Sohn des Vaters, während wir seine Adoptivkinder sind.

Sohn

Wenden wir unsere Aufmerksamkeit nun dem Sohn zu. Sohn Gottes ist im Alten Testament ein Titel für das Volk Israel: „Als Israel jung war, gewann ich ihn lieb, ich rief meinen Sohn aus Ägypten" (Hos 11,1), sowie für die von David abstammenden Könige: „Den Beschluß des Herrn will ich kundtun. Er sprach zu mir: 'Mein Sohn bist du. Heute habe ich dich gezeugt'" (Ps 2,7). In beiden Fällen wird das Wort „Sohn" jedoch im übertragenen Sinn gebraucht: Es handelt sich um eine Art Adoptiv-Sohnschaft, die eine besondere Gottesnähe versinnbildlicht.

Wenn das Neue Testament dagegen Jesus Christus als „Sohn Gottes" bezeichnet, handelt es sich nicht um einen bloßen Ehrentitel, sondern um eine denkbar tiefe und geheimnisvolle Wirklichkeit: Jesus von Nazaret besitzt als göttliche Person dieselbe Natur und Würde wie Gott Vater:

> Anfang des Evangeliums von Jesus Christus, dem Sohn Gottes (Mk 1,1).

Vaterschaft und Sohnschaft in Gott

In der ersten Betrachtung haben wir gesehen, dass die Bibel uns Gott als den Vater und Jesus Christus als den Sohn Gottes offenbart. Was bedeutet das?

Gott ist Vater, weil er ein anderes, ihm der Natur nach gleiches Sein zeugt. Das ist das Merkmal eines Vaters. Eheleute werden mit der Zeugung und Empfängnis und Geburt eines Kindes zu Eltern. In diesem Sinne ist die menschliche Vaterschaft ein Spiegel der göttlichen Vaterschaft. Dennoch besteht zwischen beiden ein wesentlicher Unterschied. Die Vaterschaft Gottes ist vollkommen, weil der Sohn seiner Natur nach absolut mit dem Vater identisch ist. Der Unterschied zwischen Vater und Sohn besteht, wie wir im vorigen Kapitel gesehen haben, in der Relation.

In der freien Unendlichkeit Gottes hat das Geben keine Grenzen. Der Vater gibt dem Sohn alles, was er ist und hat. Er behält nichts für sich selbst zurück. Der Vater gibt sich so vollständig hin, dass ihm nur sein Vatersein bleibt; denn wenn er seine Vaterschaft aufgäbe, hätte er keinen Sohn, der das ewige Geschenk der Gottheit empfangen könnte. In diesem Fall wäre der Sohn auch Vater.

Der Sohn seinerseits ist, weil er vom Vater alles empfangen hat, mit dem Vater identisch. Die einzige Verschiedenheit besteht in der Relation. Der Vater ist Vater, weil er den Sohn zeugt, während der Sohn Sohn ist, weil er vom Vater gezeugt wird. In allem übrigen besteht vollkommene Identität zwischen Vater und Sohn.

Diese Gedanken werden durch verschiedene Stellen in den Evangelien belegt.

„Ich und der Vater sind eins" (Joh 10,30).
„Dann werdet ihr erkennen und einsehen, daß in

mir der Vater ist und ich im Vater bin" (Joh 10,38).
„Alles, was der Vater hat, ist mein" (Joh 16,15).

Vielleicht hilft uns das Beispiel der menschlichen Vaterschaft, die, wie schon gesagt, ein Spiegel der göttlichen Vaterschaft ist, dies alles zu verstehen. Die menschliche Vaterschaft ist insofern begrenzter als die göttliche Vaterschaft, als die menschlichen Kinder nicht mit ihren Eltern identisch sind. Sie erhalten dieselbe menschliche Natur und erben auf genetischem Weg einige physisch-psychische Merkmale, in denen sie ihrem Vater oder ihrer Mutter ähneln (zum Beispiel die Augen, die Nase, bestimmte Charakterzüge usw.). Letztlich sind sie jedoch eigenständige Wesen. Das ist bei Gott anders. Der Vater und der Sohn sind so identisch, dass sie ein einziges Wesen sind.

In anderer Hinsicht aber ähnelt die menschliche der göttlichen Vaterschaft, nämlich in der Hingabe der Eltern an ihre Kinder. Eltern schenken ihren Kindern ihre Zeit, ihre Kraft, ihren Besitz, ihre Aufmerksamkeit und ihre Fürsorge. Genau genommen schenken die Eltern den Kindern jedoch noch mehr als diese Dinge: Wo sie nur können, schenken sie sich selbst. Das zeigt sich besonders am Beispiel der Mutter, die dem Kind Leib und Leben schenkt und zuweilen in Nachahmung der trinitarischen Liebe ihr eigenes Leben opfert, damit das Kind zur Welt kommen kann.

DIE RELATION ZWISCHEN VATER UND SOHN[73]

„Der Vater ist größer als ich" (Joh 14,28).

Wie ist dieses Jesuswort zu erklären, wenn der Vater und der Sohn doch eins sind, wie wir gesehen haben? Scheint er sich hier nicht selbst zu widersprechen? Dieser Satz kann uns zu einem tieferen Nachdenken über die Relation oder Beziehung zwischen Gottvater und Gottsohn führen.

Was können wir über die Beziehung zwischen dem Vater und dem Sohn aussagen? Eines ist klar: Keiner ist göttlicher als der andere. Beide sind voll und ganz und wahrhaftig Gott. Und doch darf man sich den Vater und den Sohn nicht einfach als zwei identische Personen vorstellen. Es gibt innerhalb der Gottheit wahre und echte Verschiedenheit. Auch wenn einige mittelalterliche Bildnisse die drei Personen der Dreifaltigkeit völlig identisch darstellen, wird dieser Versuch, ihre Wesensgleichheit, also die Identität ihres Gottseins zu betonen, der personalen Verschiedenheit des unendlichen Mysteriums der trinitarischen Liebe nicht ganz gerecht.

Die Aussage Jesu, wonach der Vater größer ist als er, lässt sich auf zwei Ebenen interpretieren. Die erste Ebene ist die Heilsökonomie, und die zweite Ebene ist das innertrinitarische Leben. Auf der Ebene der Heilsökonomie ist der Sohn, der in die Welt gekommen ist, geringer als der Vater, insofern seine göttliche Natur sich ihrer göttlichen

---

[73] Vgl. Comité para el Jubileo del año 2000, *Dios, Padre Misericordioso*, BAC, Madrid, 1999, S. 36-40.

Gestalt entäußert hat und in der Gestalt eines Knechts gehorsam geworden ist bis zum Tod.

> Er war Gott gleich, hielt aber nicht daran fest, wie Gott zu sein, sondern er entäußerte sich und wurde wie ein Sklave und den Menschen gleich. Sein Leben war das eines Menschen; er erniedrigte sich und war gehorsam bis zum Tod, bis zum Tod am Kreuz (Phil 2,6-8).

Aufgrund dieses Gehorsams jedoch hat der Vater den Sohn ihm selbst gleich in seiner göttlichen Gestalt wiederhergestellt und ihm einen Namen gegeben, der über jeden anderen Namen erhaben ist. Er hat ihn wieder zum Sohn gemacht, der in der Herrlichkeit mit dem Vater eins ist.

> Darum hat ihn Gott über alle erhöht und ihm den Namen verliehen, der größer ist als alle Namen, damit alle im Himmel, auf der Erde und unter der Erde ihre Knie beugen vor dem Namen Jesu und jeder Mund bekennt „Jesus Christus ist der Herr" - zur Ehre Gottes, des Vaters (Phil 2,9-11).

Neu ist daran, dass der Sohn, der zuvor nur in seiner göttlichen Natur gottgleich und damit Gott war, nun, nach der Auferstehung, auch in seiner Menschennatur in die göttliche Herrlichkeit hineingenommen ist. Das aber, was sich in der Heilsökonomie, also in der Menschwerdung, dem Tod, der Auferstehung und der Himmelfahrt des Sohnes erfüllt hatte und offenbar geworden war, gilt auch in der Ewigkeit für die Beziehung zwischen Vater und Sohn.

„Größer ist also der Vater als der Sohn, und in jeder Hinsicht größer, der so viel an Sein schenkt, als er selbst ist; [...] Der Vater ist also größer, sofern er Vater ist; aber der Sohn ist wegen seines Sohnseins nicht geringer", denn er ist, um es noch einmal zu sagen, dem Vater kraft ewiger Zeugung an Natur und Wesen gleich. „Damit aber, daß der Vater größer ist, sehe man die Bekundung der Überlegenheit des Vaters ein."[74]

Hilarius leitet seine Argumentation von dem Wort *Auctoritas* ab. Dieses lateinische Wort wird in unserer Übersetzung mit „Überlegenheit" wiedergegeben. Hilarius betrachtete die *Auctoritas* zunächst einmal nicht als etwas von außen Auferlegtes wie die menschliche Autorität. Zwar konnte man die *Auctoritas* im Sinne einer Macht oder eines Rechtsbeschlusses verstehen, doch an sich hatte der Begriff eine sehr viel weiter gefasste Bedeutung. *Auctoritas* ist in allererster Linie die Eigenschaft, die der *Auctor* besitzt. Dieses lateinische Wort meint „Erzeuger", „Vater" oder „Vorfahr", und zwar im ganz konkreten Sinne als einen Menschen, der einem anderen das Leben schenkt und sein Wohlergehen und Gedeihen fördert. Wie ein guter Vater seinem Sohn nicht nur das Leben schenkt, sondern ihn mit seiner eigenen Liebe in seiner Entwicklung unterstützt, bestand für Hilarius die *Auctoritas* Gottes, des Vaters, im Hinblick auf den Sohn nicht in einem äußeren Zwang, sondern in der Autorität der Liebe. Sie erwuchs aus dem Akt selbst, mit dem der Vater dem Sohn seine Natur und sein Wesen schenkte. Denn die Natur Gottes ist die Liebe.

Diese Vorstellung des heiligen Hilarius kann uns helfen, das zentrale Mysterium der christlichen Liebe besser zu verstehen. Zweifellos ist

---

[74] Hilarius von Poitiers, *De Trinitate*, IX, 54-56; XI, 12.

das innere Leben Gottes nicht nur eine statische Identität, der die göttlichen Personen in einem Akt der Bewegungslosigkeit gleichsam einfriert. Das Leben Gottes ist überbordend, grenzenlos und ohne Maß. Wenn der Christ „in reichem, vollem, gehäuftem, überfließendem Maß" (Lk 6,38) zuteilen soll, findet dann dieses Maß sein Modell und seine Richtschnur etwa nicht in Gott, dem Allbarmherzigen? Das innere Leben Gottes ist ein grenzenloser Austausch im Inneren Gottes, eine immerwährende Selbsthingabe zwischen Vater, Sohn und Heiligem Geist. Der Vater gibt dem Sohn all seine Gottheit, und der Sohn schenkt dem Vater dies alles restlos zurück. Dieser wechselseitige Austausch ist vollkommen frei: frei von aller Furcht, sich zu verlieren, und frei von jeder Notwendigkeit, Gewalt anzuwenden, um das Böse zu überwinden. Die Hingabe ist ebenso vorbehaltlos und rückhaltlos wie der Austausch.

DIE SELBSTHINGABE GOTTES[75]

Im vorangegangenen Abschnitt haben wir gesehen, dass das innere Leben Gottes ein unendlicher und grenzenloser Austausch im Inneren Gottes, eine immerwährende Selbsthingabe zwischen Vater, Sohn und Heiligem Geist ist. Man kann das Geheimnis des innertrinitarischen Lebens also als Mysterium der Selbsthingabe des Vaters an den Sohn und dementsprechend auch des Sohnes an den Vater betrachten.

> Deshalb liebt mich der Vater, weil ich mein Leben hingebe, um es wieder zu nehmen. Niemand entreißt es mir, sondern ich gebe es aus freiem Willen hin. Ich habe Macht, es hinzugeben,

---

[75] Vgl. Comité para el Jubileo del año 2000, a. a. O., S. 41.

und ich habe Macht, es wieder zu nehmen. Diesen Auftrag habe ich von meinem Vater empfangen (Joh 10,17-18).

Es wäre falsch, diesen Text so zu interpretieren, als ob der Vater Jesus nur deshalb liebte, weil dieser sein Leben am Kreuz hingibt – gleichsam, als ob er sich die Liebe des Vaters erst noch verdienen müsste. Das Gegenteil ist wahr: In der Offenbarung Jesu in dieser Welt spiegelt sich sein ewiges Sein. Schon in der ewigen Dreifaltigkeit schenkt er sein Leben frei und uneingeschränkt dem Vater hin und – das ist das Geheimnis der Liebe – erhält sein eigenes Leben gerade dadurch zurück, dass er sich selbst hingibt. Ebendeshalb konnte Jesus zu seinen Jüngern sagen: „Wer sein Leben retten will, wird es verlieren; wer aber sein Leben um meinetwillen und um des Evangeliums willen verliert, wird es retten" (Mk 8,35; vgl. Joh 12,24-26).

DER TOD AM KREUZ VON DER DREIFALTIGKEIT HER GESEHEN[76]

Das Geheimnis der Dreifaltigkeit macht auch das Mysterium von Jesu Kreuzestod verständlich. Auch der Tod am Kreuz ist eine Selbsthingabe. Als Mensch tut Jesus exakt dasselbe, was er auch als Gottessohn im Schoß der Dreifaltigkeit tut: Er legt sein Leben restlos in die Hände des Vaters.

Ich werde nicht mehr viel zu euch sagen; denn es kommt der Herrscher der Welt. Über mich hat er keine Macht, aber die Welt soll erkennen, daß ich den Vater liebe (Joh 14,30-31).

---

[76] Vgl. Comité para el Jubileo del año 2000, a. a. O., S. 41-44.

IX. Kapitel – Das göttliche Leben

Diese Selbsthingabe am Kreuz steht nicht im Gegensatz oder im Widerspruch zur Gottheit Jesu, im Gegenteil: Sie offenbart seine Gottheit, denn diese besteht in der vollkommenen, liebenden Selbsthingabe. Schon in der ewigen Dreifaltigkeit hat Jesus sich selbst entäußert; er hat sich selbst im Vater verloren, um sich in ihm wiederzufinden und ganz er selbst zu sein. Die Selbsthingabe am Kreuz ist also nichts anderes als die Offenbarung Gottes in unserer menschlichen Geschichte: Gott ist Liebe, die sich verschenkt.

Diese Vorstellung von der trinitarischen Liebe, in der der Sohn dem Vater als seinem Ursprung sein eigenes Wesen und seine eigene Natur übergibt, erklärt auch das folgende Jesuswort:

> Kommt alle zu mir, die ihr euch plagt und schwere Lasten zu tragen habt. Ich werde euch Ruhe verschaffen. Nehmt mein Joch auf euch und lernt von mir; denn ich bin gütig und von Herzen demütig; so werdet ihr Ruhe finden für eure Seele. Denn mein Joch drückt nicht und meine Last ist leicht (Mt 11,28-30).

Im Altertum empfand man solche Aussagen als skandalös. Nie zuvor hatte jemand die Demut als eine Tugend betrachtet. Aristoteles, der große athenische Philosoph, betrachtete sie vielmehr als einen Fehler, der, wie er dachte, den Menschen daran hindere, seinen eigenen Wert zu erkennen (*Nikomachische Ethik*, IV, 9, 1125a 19-28). Und genau weil Gott demütig ist, mahnt Paulus die Christen dazu, ebenfalls demütig zu sein. Natürlich darf diese göttliche Demut nicht auf das irdische Leben Jesu beschränkt werden. In dem Maße, in dem Jesus alles vom Vater empfängt, weiß er auch, dass er nichts aus sich selber hat. Wie der heilige Hilarius schreibt: „Der Sohn ist nämlich nicht eigenen Ursprungs und hat nicht vor seinem Bestehen seine Geburt von dem Nichts her erworben" (*De Trinitate*, IX, 53: PL 10, 324A). Alles ist ihm als Geschenk gegeben. Er hat es nicht nötig, es als sein eigen zu beanspruchen. Ihm genügt es, alles dankbar vom Vater zu empfangen. Diese Demut ist der Grund seiner Verherrlichung.

DIE FREUDE DES VATERS[77]

„Du bist mein geliebter Sohn, an dir habe ich Gefallen gefunden" (Mk 1,11).

Einige Überlegungen zur menschlichen Vaterschaft können uns helfen, etwas von der Freude des Vaters im Schoß der Dreifaltigkeit zu erahnen. Alle Väter und Mütter tragen in ihrem Herzen den großen Wunsch, ihren Kindern Leben, Glück und Zärtlichkeit zu schenken. Es mag sein, dass Existenzschwierigkeiten, Zukunftsangst, Unsicherheit und der in unserer Kultur so verbreitete Egoismus und Materialismus diesen Wunsch in einigen Elternpaaren beeinträchtigt haben. Im Grunde aber ist er da, und man muss sich nicht darüber wundern, denn wir sind nach dem Bild Gottes geschaffen. Gott aber ist der Vater, „nach dessen Namen jedes Geschlecht im Himmel und auf der Erde benannt wird" (Eph 3,15).

Wie wir gesehen haben, gibt der Vater im ewigen Akt seiner Selbsthingabe alles, was er ist, und alles, was er hat, ganz und gar dem an-

---

[77] Vgl. Pierre Descouvemont, *Guía de las dificultades de la fe católica*, Bilbao (Desclée de Brouwer) 1992, S. 281-283 (Original: *Guide des difficultés de la foi catholique*, Paris 1989).

deren, seinem Sohn, ohne irgendetwas von dem, was er ist, zurückzubehalten – und ohne irgendetwas davon zu verlieren. Darin besteht seine tiefe Freude, darin besteht sein Leben. „Geben ist seliger als nehmen" (Apg 20,35), hat der Herr gesagt. Die Freude des Vaters ist die Freude dessen, der vorbehaltlos gibt. Im Gleichnis vom verlorenen Sohn sagt der Vater zu dem älteren der beiden Brüder: „Alles, was mein ist, ist auch dein" (Lk 15,31).

Doch die Freude des Vaters beschränkt sich nicht darauf, sich ganz seinem Sohn zu schenken. Sie besteht auch darin, diese Liebe des Sohnes, den er zeugt, unablässig zu betrachten. Menschliche Eltern freuen sich immer besonders, wenn sie sich in ihren Kindern wiedererkennen. Denken Sie nur an die stolze Freude im Gesicht einer Mutter, der man sagt, dass ihr Neugeborenes ihre Augen oder ihre Nase hat. Wenn sich schon menschliche Eltern so sehr darüber freuen, dass ihre Kinder irgendwelche nebensächlichen Merkmale von ihnen geerbt haben, wie sehr muss sich dann wohl der himmlische Vater freuen, wenn er seine eigene Herrlichkeit in seinem Sohn gespiegelt sieht?

Man kann dem Vater deshalb keinen Narzissmus vorwerfen, denn er sieht sich ja nicht selber an. In seinem Sohn betrachtet er, was er ist. In seinem Sohn erkennt er sich und liebt sich. Der Vater wird es nicht müde, die wunderbare Schönheit seines Sohnes, den immerwährenden Quell seiner ewigen Jugend zu bestaunen: „Das ist mein geliebter Sohn, an dem ich Gefallen gefunden habe" (Mt 17,5).

Damit aber ist die Freude des Vaters noch nicht erschöpft. Angesichts der Antwort des Sohnes wird sie sogar noch größer. Denn dieser, mit der Liebeshingabe des Vaters beschenkt, behält dieses Geschenk nicht für sich, sondern erstattet es dem Vater in einem Akt ewiger Danksagung und Liebesentsprechung uneingeschränkt zurück. Dieser Akt, der zur rückhaltlosen Selbsthingabe des Sohnes in liebendem Gehorsam und damit letztlich auch zum Tod am Kreuz führt, erfüllt sein Vaterherz mit überströmender Freude.

Dem Vater bleibt die Enttäuschung mancher menschlicher Eltern erspart, die unter der Undankbarkeit oder Respektlosigkeit ihrer Kinder leiden. Das ist die unendliche Freude „des seligen Gottes" (1 Tim 1,11), dessen Existenz wir verkünden und dessen Gegenwart wir im betrachtenden Gebet kosten dürfen. Das ganze Leben des Vaters innerhalb der Dreifaltigkeit besteht darin, seinen Sohn zu zeugen, ihn anzuschauen und sich in vollkommener Entsprechung geliebt zu fühlen.

DIE FREUDE DES SOHNES[78]

„Ich preise dich, Vater" (Mt 11,25).

Die Freude des Sohnes besteht in erster Linie in dem Wissen, dass er alles, was er ist, unablässig vom Vater empfängt. Sein Vater schenkt ihm alles, ohne irgendetwas für sich zurückzubehalten. Und indem er alles vom Vater empfängt, ist der Sohn „Licht vom Licht" und „wahrer Gott vom wahren Gott", wie wir im Credo beten.

Der Sohn lebt mithin in einer Haltung der radikalen Abhängigkeit vom Vater; er steht gleichsam mit leeren Händen vor ihm und darf

---

[78] Vgl. ebd., S. 283-284.

darauf vertrauen, dass diese Hände immerzu gefüllt werden. Er erfährt keine jener Enttäuschungen, die wir vielleicht aufgrund der Versäumnisse, der Inkonsequenz oder des Egoismus unserer Eltern erlebt haben, denn der Vater gibt ihm alles – uneingeschränkt alles.

Wenn Jesus im Evangelium sagt: „Selig, ihr Armen" (Lk 6,20), dann weiß er, wovon er spricht, denn als Sohn ist er der Arme schlechthin. Diese Armut aber geht bei ihm nicht mit „Minderwertigkeitsgefühlen" einher, denn er ist nicht weniger Gott als sein Vater. Obwohl er alles von seinem Vater empfängt, ist er nicht geringer als dieser. Es gibt keinerlei Ungleichheit zwischen Vater und Sohn.

Der Sohn ist also aufgrund dieser immerwährenden Abhängigkeit nicht im Mindesten eifersüchtig, zumal ihm bewusst ist, mit welcher Liebe und Freude der Vater ihm alles gibt, was er ist. Zudem weiß er, dass der Vater nur Vater ist, indem er seinen Sohn zeugt. Deshalb macht der Primat des Vaters den Sohn nicht klein. Der Vater ist die Quelle, aber er pocht nicht darauf, weil es in Gott weder Eifersucht noch Stolz gibt. Man könnte sagen, dass der Sohn vom Vater unablässig diese Worte hört: „Du bist ebenso notwendig wie ich; ohne dich wäre ich nicht Vater."

Überdies empfindet nicht nur der Vater große Freude darüber, sich in seinem Sohn so vollkommen gespiegelt zu sehen und keinerlei Enttäuschung aufgrund mangelnder Entsprechung befürchten zu müssen, nein: Auch der Sohn empfindet eine große Freude, nämlich darüber, dass er so akzeptiert wird, wie er ist. Viele menschliche Kinder leiden darunter, dass sie die Erwartungen ihrer Eltern nicht erfüllen können. Vor einiger Zeit habe ich auf dem Titelblatt eines Gesellschaftsmagazin das Foto einer prominenten Frau gesehen; sie hielt ihr neugeborenes Kind in den Armen, und die Schlagzeile lautete: „Ich will, dass mein Sohn Politiker wird." Damit hat die Mutter ihr Kind bereits unbewusst manipuliert. Was wird passieren, wenn der Sohn ganz etwas anderes werden will? Der Sohn Gottes wird solche Manipulationen niemals erfahren, weil er so, wie er ist, ganz genauso ist wie der Vater, wie auch immer der Vater sein mag.

Indem er seinen Vater anschaut und seine Liebe betrachtet, erkennt und liebt der Sohn gleichsam sich selbst. Er öffnet seine Hände, um alles von ihm zu empfangen, und hebt sie gleichzeitig empor, um ihm alles zurückzugeben. Der Sohn kann sich nicht selbst anschauen. Er ist ganz und gar dem Vater zugewandt. Es ist typisch für Kinder, stolz auf ihre Eltern zu sein. Wer erinnert sich nicht mit einem Lächeln an die Streitereien mit den anderen Kindern in der Schule: „Mein Vater ist stärker (klüger, reicher oder was auch immer) als deiner."? Der Sohn Gottes kann wirklich stolz darauf und froh darüber sein, den besten Vater der Welt zu haben.

UND DER HEILIGE GEIST?[79]

„Damit die Liebe, mit der du mich geliebt hast, in ihnen ist" (Joh 17,26).

Vom Heiligen Geist zu sprechen ist immer schwierig, weil er sich als Person nicht sehr klar darstellt. Wenn man die Dreifaltigkeit als

---

[79] Vgl. ebd., S. 284-286, und Comité para el Jubileo del año 2000, a. a. O., S. 44.

Geheimnis der sich ganz hinschenkenden Liebe begreift, wird klar, warum der Heilige Geist so „gesichtslos" ist. Er existiert als gemeinsamer Geist des Vaters und des Sohnes, als Geist der Liebe. Er will anonym sein, weil er nicht auf sich selbst, sondern einzig und allein darauf achtet, die Einheit mit dem Vater und dem Sohn zu stiften. In gewisser Hinsicht erweist sich die Gottheit im Heiligen Geist in ihrer strahlendsten Vollkommenheit; in der Namenlosigkeit erfüllt sich die Selbsthingabe in ihrer reinsten Vollendung. Und doch ist es der Geist der Liebe, der die gesamte Dreifaltigkeit am deutlichsten als Liebe kennzeichnet. Indem er sich selbst im Vater und im Sohn verliert, findet der Geist sich selbst im Vater und im Sohn; er besteht nicht auf seinem Recht, angebetet und gepriesen zu werden; er pocht nicht einmal auf seine Bedeutung in der Geschichte, sondern gefällt sich ganz darin, dort zu sein, wo er ist: unendlich verloren im Vater und im Sohn und gerade darin am meisten und freudigsten er selbst, dass der Vater und der Sohn einander in ihm verherrlichen.

Denn der wechselseitige Liebesimpuls, der den Sohn angesichts des Vaters und den Vater angesichts des Sohnes in Verzückung geraten lässt, ist in Gott tatsächlich eine Person. Wagen wir einen Vergleich. Es kommt zuweilen vor, dass Eheleute von ihrer Liebe wie von einem Dritten, wie von einer eigenständigen Wirklichkeit sprechen: Bewegt denken sie an den Augenblick zurück, da ihre Liebe geboren wurde; sie wissen noch, wie sie sie über die Jahre hinweg haben wachsen und reifen spüren; und sie erinnern sich an das eine oder andere Mal, da sie diese Liebe in Gefahr gebracht haben. Und wenn ihnen die Freude zuteilwird, ein Kind zu bekommen, dann wird dieses Kind für sie die Frucht, der Ausdruck und das lebendige Schauspiel ihrer Liebe.

Diese entfernte Analogie von der Liebe zwischen Mann und Frau kann uns helfen, das Mysterium der Liebe zu erahnen, die im Schoß der göttlichen Familie den Vater und den Sohn miteinander vereint. Nur, dass man den Heiligen Geist dabei nicht als Kind der Familie betrachten darf. Der Heilige Geist wird nicht vom Vater und vom Sohn gezeugt, sondern geht als beständiger Ausdruck ihrer Liebe aus ihnen hervor. Wenn der Vater dem Sohn zuhaucht: „Mein Sohn", dann ist dieses zärtliche Flüstern, diese Liebesekstase der Heilige Geist. Und wenn der Sohn dem Vater zuhaucht: „Abba", dann ist dieses zärtliche Flüstern, diese bewundernde Liebe derselbe Heilige Geist.

Die Kirchenväter haben diese lebendige Wirklichkeit des Geistes im Schoß des trinitarischen Lebens noch mit vielen Vergleichen auszudrücken versucht: Er ist der Impuls der Liebe des Vaters zum Sohn und des Sohnes zum Vater; die Melodie, die sie singen; der Kuss, den sie einander geben. Man könnte auch sagen, dass der Heilige Geist das immerwährende Lächeln ist, das sie einander schenken, das Fest und die Freude ihrer Liebe.

X. Kapitel

Schluss

Die Liebe kennen, leben und weiterschenken

Nach dem, was wir in den vorangegangenen Kapiteln erfahren haben, möchte ich Sie nun dazu einladen, das erste Kapitel über die Liebe Gottes zu uns noch einmal zu lesen. Jetzt werden Sie die Tiefe und Schönheit der göttlichen Liebe viel besser verstehen. Gott hat uns sein Wesensinnerstes geoffenbart und ruft uns, als seine Kinder, seine Freunde und sogar als seine Braut dort einzutreten. Was können wir einem Gott erwidern, der uns so sehr liebt? Die Antwort auf diese Frage gibt uns Jesus selbst:

> Darum sollst du den Herrn, deinen Gott, lieben mit ganzem Herzen und ganzer Seele, mit all deinen Gedanken und all deiner Kraft (Mk 12,30).

> Du sollst deinen Nächsten lieben wie dich selbst (Mk 12,31).

Liebe vergilt man mit Liebe. Aber muss man denn Christ sein, um Gott zu lieben? Ja und nein. Ganz sicher gibt es viele Nichtchristen, die Gott wirklich lieben und eine tiefe Beziehung zu ihm haben. Doch niemand liebt ihn mehr als der, der ihn kennt, oder, anders ausgedrückt: Je besser wir eine Person kennen, desto mehr können wir sie lieben.

Gott hat sich in Jesus Christus geoffenbart. Er hat uns gelehrt, dass Gott in seinem tiefsten und eigentlichen Wesen Mysterium der Liebe ist, denn er ist dreifaltig: Vater, Sohn und Heiliger Geist. Liebe schafft Einheit. Zwei Personen, die einander lieben, wollen eins werden und bringen ihre Liebe daher auch durch die leibliche Vereinigung in der

Ehe zum Ausdruck. Für die menschlichen Personen ist diese Einheit unvollkommen, doch in Gott ist die Einheit der göttlichen Personen so vollkommen, dass wir wirklich sagen können: Sie sind eins. Gott ist drei Personen, aber ein Gott.

Die Liebe schafft nicht nur Einheit, sie geht auch über sich selbst hinaus. Deshalb wollen Eheleute als Ausdruck ihrer Liebe ein gemeinsames Kind. Die Freude, die die Liebenden aneinander haben, ist so groß, dass sie sie mit einem weiteren Wesen teilen wollen, und indem sie das tun, werden ihre Freude und Liebe nur noch größer. In ähnlicher Weise hat Gott uns in einem freien Akt der uneingeschränkten Liebe geschaffen, damit wir an seiner Freude und Liebe Anteil haben.

Das Wissen, dass Gott uns liebt, und die Empfindung, zutiefst geliebt zu sein, ist das Wesen unseres christlichen Glaubens. Wir können Gott und unseren Nächsten nur lieben, wenn wir diese Wirklichkeit persönlich erfahren haben. Deshalb schreibt der heilige Johannes:

> Nicht darin besteht die Liebe, daß wir Gott geliebt haben, sondern daß er uns geliebt [...] hat. (1 Joh 4,10).

Deshalb können wir das christliche Leben in einem einzigen Satz zusammenfassen: Es besteht darin, die barmherzige Liebe Gottes zu allen Menschen zu kennen, zu leben und weiterzuschenken. Wie genau sollen wir das machen? Das zu beschreiben würde den Rahmen dieses Buches sprengen. Ich habe mir vorgenommen, die Lehre der Dreifaltigkeitstheologie einfach und klar darzustellen, damit die Leser in ihrem Glauben wachsen können. Die Dreifaltigkeit ist die grundlegende

Wahrheit des gesamten Christentums. Ich lade meine Leser dazu ein, in ihrer Erfahrung der Liebe zu wachsen und dabei alle Mittel zu Hilfe zu nehmen, die Gott ihnen in seiner Kirche zur Verfügung stellt. Dazu gehören: der Kontakt mit dem lebendigen Christus in seinem Wort und in den Sakramenten durch das persönliche Gebet und die Mitfeier der Liturgie; die Lektüre der Bibel und guter theologischer und spiritueller Bücher; die Hilfe eines guten geistlichen Leiters; die Beteiligung an Werken der christlichen Nächstenliebe; und das Leben der Liebe in der Familie. Ich möchte dieses Buch mit zwei Überlegungen beenden, die Ihnen hierzu als Ermutigung dienen können.

EIN VORBILD FÜR DIE FAMILIE UND DIE GANZE MENSCHLICHE GESELLSCHAFT[80]

Die Dreifaltigkeit lehrt uns, wie wir unsere interpersonalen Beziehungen gestalten können und sollten. Nach dem Bild Gottes geschaffen und ihm ähnlich (vgl. Gen 1,26), der eine Gemeinschaft der Liebe ist, tragen wir seine Spur in uns:

> Das Bild Gottes ist in jedem Menschen gegenwärtig. Es wird in der Gemeinschaft der Menschen, die der Einheit der göttlichen Personen gleicht, sichtbar.[81]

Es muss uns daher nicht überraschen, dass wir den Wunsch in unseren Herzen tragen, Gemeinschaft zu bilden. Wir sind nicht fürs Alleinsein geschaffen.

---

[80] Vgl. Pierre Descouvemont, a. a. O., S. 288-291.
[81] *Katechismus der Katholischen Kirche*, Nr. 1702.

In den drei göttlichen Personen erfüllt sich der Wunschtraum jeder menschlichen Gemeinschaft von den kleinsten Verbänden bis hin zur Völkergemeinschaft. Sie alle träumen davon, eins zu sein und dabei doch ihre Vielfalt zu bewahren. Dies gilt in besonderer Weise für jene so innig vertraute Gemeinschaft der Familie, bestehend aus einem Mann, einer Frau und ihren gemeinsamen Kindern.

Die große Lebenslektion, die die Dreifaltigkeit uns lehrt, ist die, dass man sowohl gleich als auch verschieden sein kann: gleich an Würde und verschieden an Charaktereigenschaften. Genau so leben die drei göttlichen Personen im Schoß der Dreifaltigkeit. Sie sind ein gleicher – derselbe! – Gott und doch verschiedene Personen. Es ist dringend notwendig, diese Lektion zu lernen, wenn wir in dieser Welt leben wollen. Die Heiligste Dreifaltigkeit lehrt uns, dass man in puncto Hautfarbe, Kultur, Geschlecht, Ethnie und Religion verschieden sein und dennoch als menschliche Personen die gleiche menschliche Würde besitzen kann. Diese Lehre findet ihre erste und natürlichste Anwendung in der Familie. Die Familie muss ein irdischer Spiegel der Dreifaltigkeit sein. Sie besteht aus Personen verschiedenen Geschlechts (Mann und Frau) und verschiedenen Alters (Eltern und Kinder), und diese Verschiedenheit bringt weitere Unterschiede mit sich: unterschiedliche Gefühle, Einstellungen und Vorlieben.

Der Erfolg der Familie (und jeder menschlichen Gesellschaft) hängt davon ab, ob es ihren Mitgliedern gelingt, diese Verschiedenheit zu akzeptieren und dennoch zu einer Einheit der Liebe, der Ziele und der Zusammenarbeit zu gelangen. Ein Mann und eine Frau müssen nicht das gleiche Temperament und die gleichen Eigenschaften haben, um übereinzustimmen. Ehemann und Ehefrau müssen keine vollkommen gleichen Hälften bilden; vielmehr ist jeder eine Ergänzung des anderen. So hat es Gott gewollt, als er sagte: „Es ist nicht gut, daß der Mensch allein bleibt. Ich will ihm eine Hilfe machen, die ihm entspricht" (Gen 2,18). All das setzt die Fähigkeit voraus, die Verschiedenheit des anderen zu akzeptieren – und sie nicht nur zu akzeptieren, sondern sie aufrichtig zu schätzen.

Was können wir noch von den Personen der Dreifaltigkeit lernen, um unsere Gemeinschaften zu verbessern? Die Beziehungen zwischen dem Vater und dem Sohn und dem Heiligen Geist beruhen auf Gegenseitigkeit. Jeder von ihnen ist „Geber und Gabe zugleich"; keiner von ihnen schenkt, ohne zugleich beschenkt zu werden. Keine der Personen genügt sich selbst, keine will anmaßend über die anderen herrschen und keine zieht sich von den anderen zurück, um alleine zu sein. Jede erfreut und erfüllt sich in den anderen beiden, ohne ihre Eigenheit aufzugeben. Ebenso, wie die drei Personen alles gemeinsam haben, was die Vollkommenheit, Großzügigkeit und Liebe ihrer einen Natur ausmacht, so ermöglicht auch die personale Verschiedenheit des Vaters und des Sohnes und des Heiligen Geistes eine wahre Gemeinschaft, die eben keine bloße Gleichmacherei und Einförmigkeit ist.

Und noch etwas können wir von der Dreifaltigkeit lernen: Die göttlichen Personen sprechen nie von sich selbst, sondern immer nur voneinander. Sie rühmen einander, nie sich selbst. Jedes Mal, wenn der Vater spricht, offenbart er etwas über seinen Sohn: „Das ist mein geliebter Sohn; auf ihn sollt ihr hören" (Mk 9,7). Jesus aber, der weiß, dass er sich nicht um seine eigene Würde sorgen muss, macht es sich zur Aufgabe, den Vater zu verherrlichen: „Ich ehre meinen Vater […]. Ich bin nicht auf meine Ehre bedacht; doch es gibt einen, der darauf bedacht ist […]. Mein Vater ist es, der mich ehrt" (Joh 8,49-54). Der Heilige Geist schließlich verkündet keine eigene Lehre, sondern hilft uns, uns an das zu erinnern und das zu verstehen, was Jesus gelehrt hat (vgl. Joh 14,26), und Gott Vater zu nennen: „Ihr habt den Geist empfangen, der euch zu Söhnen macht, den Geist, in dem wir rufen: Abba, Vater!" (Röm 8,15).

Wenn wir alle in unseren Beziehungen die göttlichen Personen nachahmen könnten; wenn die Ehemänner sich mehr um ihre Frauen als um sich selbst und ihre Autorität kümmern würden; wenn die Mütter ihre Kinder lehren würden, nicht zuerst „Mama", sondern „Papa" zu sagen; wenn die reichen Länder die ärmeren unterstützen würden; wenn die Arbeitgeber die Arbeitnehmer respektieren würden; wenn die Regierenden wirklich auf das Wohl der Regierten bedacht wären… – dann würden wir das Gesetz der Liebe erfüllen und diese Welt wäre eine andere.

An die Dreifaltigkeit zu glauben verlangt von uns Christen, dass wir unsere sämtlichen Beziehungen zu anderen Menschen, welche dies auch immer sein mögen, nach dem Vorbild und Beispiel gestalten, das Gott uns gibt.

Geht hinaus in die ganze Welt

In vielen Ländern der Welt leben die Menschen aufgrund der unsicheren Verhältnisse in Häusern, die mit hohen Mauern umgeben sind.

Von der Straße aus sieht man weder die Häuser noch ihre Bewohner. Man sieht allenfalls das Auto, wenn sich für einen kurzen Moment einmal das Tor der Einfahrt öffnet. Nicht einmal die Nachbarn kennen einander. Sie wissen, dass der andere da ist, und an dem Wagen, den er fährt, lesen sie ab, ob er reich oder arm ist, aber ansonsten wissen sie nur wenig über ihn und seine Familie.

Mit dem, was wir über Gott wissen, ist es so ähnlich. Wir sehen die Spuren seiner Gegenwart in der Schöpfung, und wir wissen, dass er existiert und dass er sehr intelligent und mächtig sein muss, weil er dies alles geschaffen hat. Doch dieses Wissen ist sehr begrenzt – wie bei den Nachbarn, die einander nicht kennen, bleibt Gott auch für uns ein Fremder. Wir wissen nichts über sein Innerstes. Wir wissen, dass er existiert, und das ist auch schon beinahe alles.

Mit Jesus Christus hat sich das geändert. Mit ihm hat Gott an unsere Tür geklopft, ist in unser Haus eingetreten und hat sich an unseren Tisch gesetzt. Gott hat unter uns gelebt, er hat mit uns gesprochen, und in diesem Gespräch hat er uns ganz persönliche Dinge über sich selbst anvertraut. Er hat uns gesagt, dass er eine Gemeinschaft der Liebe ist, dass er uns liebt und will, dass wir seine Liebe erwidern und dass wir einander lieben. Wie anders wird das Leben für den, der weiß, dass Gott ihn liebt! Dieses Wissen erfüllt uns mit tiefer Freude und gibt uns die Kraft, uns allen Herausforderungen des Lebens zu stellen.

Als der heilige Johannes den Satz schrieb: „Gott ist Liebe" (1 Joh 4,8), wollte er damit nicht sagen, dass Gott wie ein lieber Großvater ist, der uns liebt und uns alles vergibt. Vielmehr wollte er Gottes eigentliches

Wesen beschreiben. Gott nämlich „lebt nicht in glanzvoller Einsamkeit, sondern ist vielmehr unerschöpflicher Quell des Lebens, das sich unaufhörlich hinschenkt und mitteilt."[82] Das wusste er, weil er es sozusagen „am eigenen Leib" erfahren hatte:

> Was wir gesehen und gehört haben, das verkünden wir auch euch, damit auch ihr Gemeinschaft mit uns habt. Wir aber haben Gemeinschaft mit dem Vater und mit seinem Sohn Jesus Christus (1 Joh 1,3).

Es ist kein Hochmut, der uns sagen lässt, dass wir Gott kennen. Gott selbst hat sich der Welt durch seinen Sohn Jesus Christus geoffenbart. Wir, die wir seine Botschaft in der Geschichte gehört und angenommen haben, nennen uns Christen, weil wir Jesus Christus nachfolgen. Das heißt nicht, dass Gott nur die Christen liebt, im Gegenteil: Gott liebt alle, und deshalb sendet er uns aus, unseren Glauben und die Erfahrung seiner Liebe mit den anderen Menschen zu teilen, damit auch sie ihn erkennen, wie er wirklich ist:

„Geht hinaus in die ganze Welt, und verkündet das Evangelium allen Geschöpfen!" (Mk 16,15).

---

[82] Benedikt XVI., *Angelus* am Fest der Heiligsten Dreifaltigkeit (7. Juni 2009).

X. Kapitel – Schluss

Nun danket alle Gott
Mit Herzen, Mund und Händen,
Der große Dinge tut
An uns und allen Enden,
Der uns von Mutterleib
Und Kindesbeinen an
Unzählig viel zugut
Und noch jetzund getan.

Der ewig reiche Gott
Woll uns bei unserm Leben
Ein immer fröhlich Herz
Und edlen Frieden geben
Und uns in seiner Gnad
Erhalten fort und fort
Und uns aus aller Not
Erlösen hier und dort.

Lob, Ehr und Preis sei Gott,
Dem Vater und dem Sohne
Und dem, der beiden gleich
Im hohen Himmelsthrone,
Dem dreieinigen Gott,
Als der ursprünglich war
Und ist und bleiben wird
jetzund und immerdar.[83]

---

[83] Martin Rinckart, *Nun danket alle Gott*, zitiert nach der Textversion der gleichnamigen Kantate von Johann Sebastian Bach, BWV 192.

XI. Kapitel

ANHANG

DER BRIEF VON PAPST DIONYSIUS AN DIONYSIUS VON ALEXANDRIA[84]

Sodann werde ich aber mit Fug und Recht auch gegen die reden, welche die ehrwürdigste Verkündigung der Kirche Gottes, die Monarchie, in drei Kräfte, getrennte Hypostasen und drei Gottheiten zerteilen, zerschneiden und aufheben; ich habe nämlich erfahren, daß einige von denen, die bei Euch unterrichten und das göttliche Wort lehren, zu diesem Denken hinführen; diese sind der Meinung des Sabellius sozusagen diametral entgegengesetzt; denn der lästert, wenn er sagt, daß der Sohn selbst der Vater sei, und umgekehrt; diese aber verkünden gewissermaßen drei Götter, indem sie die heilige Einheit in drei einander völlig fremde abgetrennte Hypostasen zerteilen; es ist nämlich notwendig, daß das göttliche Wort dem Gott von allem geeint ist, und der Heilige Geist muß in Gott verweilen und ihm innewohnen; es ist also unbedingt notwendig, daß auch die göttliche Dreifaltigkeit in einem, wie in einem Gipfel, nämlich dem Gott von allem, dem Allmächtigen, zusammengefaßt und zusammengeführt wird. Denn die Lehre des törichten Markion, die Zerschneidung und Zerteilung der Monarchie in drei Prinzipien, ist eine teuflische Unterweisung, nicht aber die der echten Jünger Christi und derer, die Gefallen haben an den Lehren des Erlösers. Denn diese wissen genau, daß von der göttlichen Schrift zwar eine Dreifaltigkeit verkündet wird, daß drei Götter aber weder das Alte noch das Neue Testament verkündet.

---

[84] „Alle folgenden Textpassagen sind Zitate aus Heinrich Denzinger, Enchiridion symbolorum definitionum et declarationum de rebus fidei et morum: Kompendium der Glaubensbekenntnis und kirchlichen Lehrentscheide, Lateininsch-Deutsch, Peter Hünermann [Hrsg], Verlag Herder, Freiburg i. Brsg. 2010, 42 . Aufl., (DH Nr. Textpassage)"Martin Rinckart, *Nun danket alle Gott*, zitiert nach der Textversion der gleichnamigen Kantate von Johann Sebastian Bach, BWV 192.

Nicht weniger aber wird man auch die tadeln, welche glauben, der Sohn sei ein Geschöpf, und meinen, der Herr sei gemacht worden wie irgend eines von dem, was wirklich gemacht worden ist, obwohl doch die göttlichen Worte für ihn eine Zeugung, wie sie sich gebührt und geziemt, bezeugen, nicht aber irgendeine Formung und Erschaffung. Es ist also nicht irgendeine Lästerung, sondern die größte, den Herrn gewissermaßen handgemacht zu nennen. Denn wenn der Sohn gemacht worden ist, dann gab es einmal eine Zeit, in der er nicht war; er war aber immer, wenn er im Vater ist, wie er selbst sagt (Joh 14,10f.), und wenn Christus das Wort, die Weisheit und die Kraft ist – denn daß Christus dies ist, sagen die göttlichen Schriften (Joh 1,14; 1 Kor 1,24), wie Ihr wißt –; dies aber sind eben Kräfte Gottes. Wenn nun der Sohn gemacht worden ist, dann gab es eine Zeit, in der dies nicht war; also gab es einen Zeitpunkt, zu dem Gott ohne dies war; das aber ist ganz unsinnig.

Und was soll ich mich darüber noch mehr Euch gegenüber äußern, gegenüber Männern, die voll des Geistes sind und genau wissen, welche Ungereimtheiten aufgrund der Aussage, der Sohn sei ein Geschöpf, auftauchen? Diese scheinen mir die führenden Köpfe dieser Ansicht nicht bedacht und deshalb ganz und gar die Wahrheit verfehlt zu haben, weil sie das „der Herr schuf mich als Anfang seiner Wege" (Spr 8,22: Septg.) anders aufgefaßt haben, als es die göttliche und prophetische Schrift an dieser Stelle will. Denn es gibt, wie Ihr wißt, nicht nur eine Bedeutung des „schuf". „Schuf" ist an dieser Stelle nämlich zu verstehen im Sinne von „stellte an die Spitze der von ihm gemachten Werke", gemacht aber durch den Sohn selbst. Das „schuf" wird hier jedoch nicht im Sinne von „machte" gesagt.

Denn es gibt einen Unterschied zwischen „schaffen" und „machen". „Hat nicht eben dieser dein Vater dich erworben, dich gemacht und dich geschaffen?" (Dtn 52,6: Septg.), sagt Moses in dem großen Gesang innerhalb des Deuteronomium. Zu ihnen könnte nun auch einer sagen: O ihr unbesonnenen Menschen, ein Geschöpf (ist also) „der Erstgeborene aller Schöpfung" (Kol 1,15), „der aus dem Schoß vor dem Morgenstern geboren wurde" (Ps 110,3: Septg.), der als Weisheit sagte: „Vor allen Hügeln aber zeugt er mich" (Spr 8,25: Septg.)? Man kann aber auch an vielen Stellen der göttlichen Worte gesagt finden, daß der Sohn gezeugt wurde, aber nicht, daß er gemacht wurde. Aufgrund dessen werden die, welche zu sagen wagen, seine göttliche und unaussprechliche Zeugung sei eine Schöpfung, eindeutig überführt, daß sie in Bezug auf die Zeugung des Herrn Lügen vertreten.

Man darf also weder die bewundernswerte und göttliche Einheit in drei Gottheiten zerteilen noch durch eine (angebliche) Schöpfung die Würde und die jedes Maß übersteigende Größe des Herrn beeinträchtigen. Vielmehr muss man an den einen Gott, den Vater, den Allmächtigen, und an Jesus Christus, seinen Sohn, und an den Heiligen Geist glauben, und daß das Wort dem Gott von allem geeint ist. Denn er sagt: „Ich und der Vater sind eins" (Joh 10,30), und „ich [bin] im Vater und der Vater [ist] in mir" (Joh 14,10). So dürfte nämlich sowohl die göttliche Dreifaltigkeit als auch die heilige Verkündigung der Monarchie gewahrt werden (DH 112-115).

Die ökumenischen Konzilien von Nicäa (325) und Konstantinopel (381)

Wir glauben an den einen Gott, den allmächtigen Vater, den Schöpfer alles Sichtbaren und Unsichtbaren. Und an unseren einen Herrn Jesus Christus, den Sohn Gottes, als Einziggeborenen aus dem Vater geboren, das heißt aus der Substanz des Vaters, Gott aus Gott, Licht aus Licht, wahrer Gott aus wahrem Gott, geboren, nicht geschaffen, von einer Substanz mit dem Vater (was man griechisch ὁμοούσιος nennt), durch den alles geworden ist, was im Himmel und auf der Erde ist (DH 125).

Und an den Heiligen Geist, den Herrn und Lebensspender, der aus dem Vater und dem Sohne hervorgeht, der mit dem Vater und dem Sohne zugleich angebetet und mitverherrlicht wird, der durch die Propheten gesprochen hat (DH 150).

Der „Tomus Damasi" des Konzils von Rom (382)

(1) Wir belegen mit dem Anathema die, welche nicht in aller Freimütigkeit verkünden, daß er mit dem Vater und dem Sohn einer Macht und Substanz ist.
(2) Wir belegen mit dem Anathema auch die, welche dem Irrtum des Sabellius folgen und sagen, der Vater sei derselbe wie der Sohn.
(3) Wir belegen mit dem Anathema Arius und Eunomius, die in der gleichen Gottlosigkeit, wenn auch mit unterschiedlichen Worten, behaupten, der Sohn und der Heilige Geist seien Geschöpfe.

(10) Wer nicht sagt, daß der Vater immer, der Sohn immer und der Heilige Geist immer ist, der ist ein Häretiker.

(11) Wer nicht sagt, daß der Sohn vom Vater, das heißt, von seiner göttlichen Substanz geboren wurde, der ist ein Häretiker.

(12) Wer nicht sagt, daß der Sohn Gottes wahrer Gott ist, so wie sein Vater wahrer Gott ist, und daß er alles vermag und alles weiß und dem Vater gleich ist, der ist ein Häretiker.

(13) Wer sagt, daß er, als er in der Ordnung des Fleisches auf Erden weilte, nicht (zugleich) mit dem Vater in den Himmeln war, der ist ein Häretiker.

(16) Wer nicht sagt, daß der Heilige Geist ebenso wie der Sohn wahrhaftig und im eigentlichen Sinne vom Vater, von der göttlichen Substanz und wahrer Gott ist, der ist ein Häretiker.

(17) Wer nicht sagt, daß der Heilige Geist ebenso wie der Sohn und der Vater alles vermag und alles weiß und überall ist, der ist ein Häretiker.

(18) Wer sagt, der Heilige Geist sei ein Geschöpf oder durch den Sohn gemacht, der ist ein Häretiker.

(19) Wer nicht sagt, daß der Vater alles durch den Sohn und den Heiligen Geist gemacht hat, d. h. das Sichtbare und das Unsichtbare, der ist ein Häretiker.

(20) Wer nicht sagt, daß es nur eine Gottheit, Macht, Erhabenheit, Gewalt, nur eine Herrlichkeit, Herrschaft, nur ein Reich und nur einen Willen und eine Wahrheit des Vaters und des Sohnes und des Heiligen Geistes gibt, der ist ein Häretiker.

(21) Wer nicht sagt, daß es drei wahre Personen des Vaters und des Sohnes und des Heiligen Geistes gibt, die gleich sind, immer leben, alles Sichtbare und Unsichtbare umfassen, alles vermögen,

alles richten, alles beleben, alles erschaffen und alles erhalten, der ist ein Häretiker.

(22) Wer nicht sagt, daß der Heilige Geist ebenso wie der Sohn und der Vater von jedem Geschöpf angebetet werden muß, der ist ein Häretiker.

(23) Wer in Bezug auf den Vater und den Sohn richtig denkt, in Bezug auf den Heiligen Geist aber nicht richtig denkt, der ist ein Häretiker; denn alle Häretiker, die in Bezug auf den Sohn [Gottes] und den [Heiligen] Geist eine falsche Meinung haben, befinden sich in der Gottlosigkeit der Juden und Heiden.

(24) Wer aber, wenn er den Vater Gott und seinen Sohn Gott und den Heiligen Geist Gott nennt, duldet, daß sie Götter genannt werden und nicht Gott wegen der einen Gottheit und Gewalt, von der wir glauben und wissen, daß sie dem Vater und dem Sohn und dem Heiligen Geist eigen ist, vielmehr den Sohn oder den Heiligen Geist herabsetzt und dementsprechend meint, nur der Vater werde Gott genannt, oder auf diese Weise (an) einen Gott glaubt, der ist in allem ein Häretiker, ja sogar ein Jude; denn der Name „Götter" wurde von Gott auch den Engeln und allen Heiligen beigelegt und geschenkt, vom Vater aber und Sohn und Heiligen Geist wird uns wegen der einen und gleichen Gottheit nicht der Name „Götter", sondern „Gott" zu glauben dargeboten und verkündet, weil wir nur auf den Vater und den Sohn und den Heiligen Geist getauft werden und nicht auf die Namen der Erzengel und Engel, wie dies Häretiker oder Juden oder auch Heiden in ihrem Wahnsinn tun.

Dies also ist das Heil der Christen, daß wir im Glauben an die Dreifaltigkeit, d. h. den Vater und den Sohn und den Heiligen Geist, und auf sie getauft ohne Zweifel glauben, daß ihr eine alleinige wahre Gottheit und Gewalt, Erhabenheit und Wesenheit eigen ist (DH 152-177).

Die 11. Synode von Toledo (675)

Wir bekennen und glauben, daß die heilige und unaussprechliche Dreifaltigkeit, der Vater und der Sohn und der Heilige Geist, ihrer Natur nach ein Gott ist, von einer Substanz, einer Natur, auch einer Erhabenheit und Kraft.

Und wir bekennen, daß der Vater nicht gezeugt und nicht geschaffen, sondern ungezeugt (ist). Er leitet seinen Ursprung nämlich von niemandem her, er, aus dem sowohl der Sohn die Geburt als auch der Heilige Geist das Hervorgehen empfing. Er ist also die Quelle und der Ursprung der ganzen Gottheit. Er ist auch der Vater seines Wesens, er, der von seiner unaussprechlichen Substanz auf unaussprechliche Weise den Sohn zeugte und dennoch nichts anderes, als was er selbst ist, zeugte [Er, der Vater, nämlich sein unaussprechliches Wesen, zeugte auch auf unaussprechliche Weise den Sohn seiner Substanz und zeugte dennoch nichts anderes, als was er selbst ist]: Gott (zeugte) Gott, Licht das Licht; von ihm also ist „jede Vaterschaft im Himmel und auf Erden" (Eph 3,15).

Wir bekennen auch, daß der Sohn von der Substanz des Vaters ohne Anfang vor den Zeiten geboren, jedoch nicht gemacht wurde: denn weder war der Vater irgendwann ohne den Sohn, noch der Sohn ohne den Vater. Und dennoch (ist) nicht, wie der Sohn vom Vater, so der Vater vom Sohn, weil nicht der Vater vom Sohn, sondern der Sohn vom Vater die Zeugung empfing. Der Sohn ist also Gott vom Vater, der Vater aber Gott, jedoch nicht vom Sohn; (er ist) nämlich Vater des Sohnes, nicht Gott vom Sohn: jener aber ist Sohn des Vaters und Gott vom Vater. Dennoch ist der Sohn in allem Gott, dem Vater gleich; denn weder begann seine Geburt irgendwann, noch hörte sie auf. Dieser, so unser Glaube, ist auch von einer Substanz mit dem Vater; deshalb wird er auch dem Vater ὁμοούσιος, das heißt, von derselben Substanz mit dem Vater; ὅμος heißt nämlich griechisch „eins", οὐσία aber „Substanz", was, wenn man beides verbindet, „eine Substanz" bedeutet. Der Sohn nämlich, so muß man glauben, wurde weder von nichts noch von irgendeiner anderen Substanz gezeugt bzw. geboren, sondern vom Schoß des Vaters, das heißt, von seiner Substanz. Ewig (ist) also der Vater, ewig auch der Sohn. Wenn er aber immer Vater war, dann hatte er immer den Sohn, dem er Vater war: und deshalb bekennen wir, daß der Sohn vom Vater ohne Anfang geboren wurde. Jedoch nennen wir denselben Sohn Gottes deswegen, weil er vom Vater gezeugt wurde, nicht (etwa) „Teil einer zertrennten Natur"; sondern wir behaupten, daß der vollkommene Vater einen vollkommenen Sohn ohne Verminderung und ohne Zertrennung gezeugt hat, weil es allein der Gottheit zukommt, keinen ungleichen Sohn zu haben. Dieser Sohn Gottes ist auch von Natur Sohn, nicht durch Adoption, er, den Gott, der Vater, so muß man glauben, weder aus Willen noch aus Notwendigkeit gezeugt hat; denn weder gibt es in Gott irgendeine Notwendigkeit, noch geht der Wille der Weisheit voraus.

Wir glauben auch, daß der Heilige Geist, der die dritte Person in der Dreifaltigkeit ist, ein und derselbe Gott mit Gott, dem Vater, und dem Sohn ist, von einer Substanz, auch einer Natur: gleichwohl ist er nicht gezeugt oder geschaffen, sondern hervorgehend von beiden und beider Geist. Dieser Heilige Geist ist auch, so unser Glaube, weder ungezeugt noch gezeugt, damit man uns nicht nachweist, wir würden, wenn wir ihn ungezeugt nennen, von zwei Vätern reden, oder wenn wir ihn gezeugt nennen, zwei Söhne verkünden; gleichwohl wird er nicht nur der Geist des Vaters und nicht nur der Geist des Sohnes, sondern zugleich der Geist des Vaters und des Sohnes genannt. Denn weder geht er vom Vater aus in den Sohn, noch geht er vom Sohn aus, um die Schöpfung zu heiligen, sondern es wird erwiesen, daß er zugleich von beiden hervorgegangen ist; denn er wird als die Liebe oder Heiligkeit beider erkannt. Dieser Heilige Geist also, so unser Glaube, wurde von beiden gesandt, so wie der Sohn (vom Vater); aber er wird nicht für geringer als der Vater und der Sohn erachtet, etwa so, wie der Sohn bezeugt, er sei wegen des angenommenen Fleisches geringer als der Vater und der Heilige Geist.

Dies ist die Darstellung der Heiligen Dreifaltigkeit: Sie darf nicht dreifach, sondern muß Dreifaltigkeit genannt und (als solche) geglaubt werden. Es kann nicht richtig sein, zu sagen, in dem einen Gott sei die Dreifaltigkeit, sondern der eine Gott ist die Dreifaltigkeit. Mit den Namen der Personen aber, die eine Beziehung ausdrücken, wird der Vater auf den Sohn, der Sohn auf den Vater und der Heilige Geist auf beide bezogen: Obwohl sie im Hinblick auf ihre Beziehung drei Personen genannt werden, sind sie, so unser Glaube, doch eine Natur bzw. Substanz. Und wir verkünden nicht, wie drei Personen, so drei

Substanzen, sondern eine Substanz, aber drei Personen. Was nämlich „Vater" ist, ist es nicht in Bezug auf sich, sondern in Bezug auf den Sohn; und was „Sohn" ist, ist es nicht in Bezug auf sich, sondern in Bezug auf den Vater; ähnlich wird auch der Heilige Geist nicht auf sich bezogen, sondern auf den Vater und den Sohn, indem er Geist des Vaters und des Sohnes genannt wird. Ebenso wird, wenn wir „Gott" sagen, dies nicht in Bezug auf irgendetwas gesagt, so wie der Vater in Bezug auf den Sohn oder der Sohn auf den Vater oder der Heilige Geist auf den Vater und den Sohn bezogen wird, sondern „Gott" wird im besonderen in Bezug auf sich gesagt.

Denn auch wenn man uns über die einzelnen Personen fragt, müssen wir sie als Gott bekennen. Also wird der Vater Gott, der Sohn Gott und der Heilige Geist Gott, (jeweils) einzeln, genannt: und dennoch gibt es nicht drei Götter, sondern einen Gott. Ebenso wird auch der Vater allmächtig, der Sohn allmächtig und der Heilige Geist allmächtig, (jeweils) einzeln, genannt: und dennoch gibt es nicht drei Allmächtige, sondern einen Allmächtigen, so wie man auch von einem Licht und von einem Urgrund spricht. Also ist nach unserem Bekenntnis und Glauben sowohl jede Person einzeln vollkommener Gott als auch alle drei Personen ein Gott: Sie haben die eine, ungeteilte und gleiche Gottheit, Erhabenheit und Macht, die weder in den einzelnen verringert wird, noch in den dreien vermehrt wird; denn sie hat nichts weniger, wenn jede Person einzeln Gott genannt wird, und nichts mehr, wenn alle drei Personen als ein Gott verkündet werden.

Diese heilige Dreifaltigkeit, die der eine und wahre Gott ist, entzieht sich also weder der Zahl, noch wird sie durch die Zahl erfaßt. In der

Beziehung der Personen nämlich erkennt man die Zahl; in der Substanz der Gottheit aber wird nicht etwas erfaßt, was gezählt wäre. Allein darin also, daß sie aufeinander bezogen sind, deuten sie auf die Zahl hin; und darin, daß sie auf sich bezogen sind, entbehren sie der Zahl. Denn dieser Heiligen Dreifaltigkeit kommt so ein ihre Natur betreffender Name zu, daß er bei drei Personen nicht in der Mehrzahl gebraucht werden kann. Deshalb glauben wir auch jenes Wort in den heiligen Schriften: „Groß ist unser Herr und groß seine Kraft, und für seine Weisheit gibt es keine Zahl" (Ps 147,5).

Wir werden aber nicht, weil wir sagten, diese drei Personen seien ein Gott, sagen können, daß der Vater derselbe wie der Sohn sei, oder daß der Sohn der sei, welcher der Vater ist, oder daß der, welcher der Heilige Geist ist, der Vater oder der Sohn sei. Denn der Vater ist nicht derselbe wie der Sohn, noch ist der Sohn derselbe wie der Vater, noch ist der Heilige Geist derselbe wie der Vater oder der Sohn; gleichwohl ist der Vater dasselbe wie der Sohn, der Sohn dasselbe wie der Vater, der Vater und der Sohn dasselbe wie der Heilige Geist, nämlich von Natur ein Gott. Wenn wir nämlich sagen, der Vater sei nicht derselbe wie der Sohn, so bezieht sich das auf den Unterschied der Personen. Wenn wir aber sagen, der Vater sei dasselbe wie der Sohn, der Sohn sei dasselbe wie der Vater und der Heilige Geist sei dasselbe wie der Vater und der Sohn, so bezieht sich das offensichtlich auf die Natur, aufgrund derer er Gott ist, bzw. die Substanz; denn sie sind der Substanz nach eins: Wir unterscheiden nämlich die Personen, trennen nicht die Gottheit. Die Dreifaltigkeit also erkennen wir im Unterschied der Personen, die Einheit verkünden wir wegen der Natur bzw. der Substanz. Diese drei also sind eins, nämlich der Natur nach, nicht der Person nach.

Gleichwohl dürfen diese drei Personen nicht als trennbar angesehen werden, da, so unser Glaube, keine vor der anderen, keine nach der anderen, keine ohne die andere jemals gewesen ist oder irgendetwas gewirkt hat. Als untrennbar nämlich werden sie befunden sowohl in dem, was sie sind, als auch in dem, was sie tun: denn zwischen dem Vater, der zeugt, und dem Sohn, der gezeugt wurde, und dem Heiligen Geist, der hervorgeht, hat es, so glauben wir, keinen Zeitabstand gegeben, um den der Erzeuger einmal dem Gezeugten vorangegangen ist oder der Gezeugte dem Erzeuger fehlte oder der vom Vater und vom Sohn hervorgehende Geist später erschien. Deshalb also wird diese Dreifaltigkeit von uns untrennbar und unvermischt genannt und geglaubt. Man redet also entsprechend der Lehre der Vorfahren von diesen drei Personen, damit sie (als solche) anerkannt, nicht damit sie getrennt werden. Denn wenn wir das beachten wollen, was die heilige Schrift über die Weisheit sagt: „Sie ist der Glanz des ewigen Lichtes" (Weish 7,26): So wie wir sehen, daß der Glanz dem Licht untrennbar innewohnt, so bekennen wir, daß der Sohn nicht vom Vater getrennt werden kann. Wie wir also diese drei Personen einer einzigen und untrennbaren Natur nicht vermischen, so sagen wir, daß sie auf keine Weise trennbar sind. Denn die Dreifaltigkeit selbst hat sich herabgelassen, uns dies so deutlich zu zeigen, daß sie auch in diesen Namen, in denen nach ihrem Willen die Personen einzeln erkannt werden sollen, nicht zulässt, daß die eine ohne die andere verstanden wird: Denn weder wird der Vater ohne den Sohn erkannt, noch findet man den Sohn ohne den Vater. Die Bezüglichkeit der Personenbezeichnung selbst verbietet es ja, die Personen zu trennen: Denn wenn sie sie auch nicht zugleich nennt, so weist sie doch zugleich auf sie hin. Niemand aber kann einen von diesen Namen hören, ohne gezwungen zu werden, den anderen mitzuverstehen. Obwohl also diese drei eins sind und das Eine drei, so bleibt doch jeder einzelnen Person ihre Eigentümlichkeit. Der Vater nämlich hat die Ewigkeit ohne Geburt, der Sohn die Ewigkeit mit Geburt, der Heilige Geist aber das Hervorgehen ohne Geburt mit Ewigkeit (DH 525-532).

Das 4. Konzil im Lateran (12. ökumenisches Konzil) (1215)

Wir verurteilen also und verwerfen das Buch bzw. die Abhandlung, die Abt Joachim gegen Magister Petrus Lombardus über die Einheit bzw. das Wesen der Dreifaltigkeit herausgegeben hat; er nennt ihn Häretiker und wahnsinnig, weil er in seinen Sententiae sagt: „Denn eine höchste Wirklichkeit ist Vater und Sohn und Heiliger Geist, und diese zeugt nicht, noch wurde sie gezeugt, noch geht sie hervor." Daher behauptet er, daß jener nicht so sehr eine Dreifaltigkeit, als (vielmehr) eine Vierfaltigkeit in Gott errichtet habe, nämlich drei Personen und jenes gemeinsame Wesen gleichsam als vierte; er erklärt deutlich, daß es keine Wirklichkeit gebe, die Vater, Sohn und Heiliger Geist sei, auch kein Wesen, keine Substanz und keine Natur; gleichwohl räumt er ein, daß Vater, Sohn und Heiliger Geist ein Wesen, eine Substanz und eine Natur sind. Er gesteht aber, daß eine artige Einheit keine wahre und eigentliche, sondern eine gleichsam kollektive und in der Ähnlichkeit begründete sei, so wie viele Menschen ein Volk genannt würden und viele Gläubige eine Kirche gemäß dem Wort: „Die Menge der Gläubigen war ein Herz und eine Seele" (Apg 4,32); und: „Wer Gott anhängt, ist ein Geist" (1 Kor 6,17) mit ihm; ebenso: „Der aber pflanzt und der begießt, sind eins" (1 Kor 3,8); und: Wir alle

„sind ein Leib in Christus" (Röm 12,5); im Buch der Könige wiederum: „Mein Volk und Dein Volk sind eins" (1 Kön 22,5: Vulgata; vgl. Rut 1,16). Um aber diese seine Auffassung zu untermauern, führt er vor allem jenes Wort an, das Christus im Evangelium von den Gläubigen sagt: „Ich will, Vater, daß sie eins seien in uns, so wie auch wir eins sind, damit sie vollendet seien in eins" (Joh 17,22f.). Die Gläubigen Christi sind nämlich, wie er sagt, nicht eins, das heißt, eine Wirklichkeit, die allen gemeinsam ist, sondern sie sind dergestalt eins, das heißt, eine Kirche, wegen der Einheit des katholischen Glaubens, und schließlich ein Reich wegen der Einigung der unauflöslichen Liebe, wie man in dem kanonischen Brief des Apostels Johannes liest: Denn „drei sind es, die Zeugnis ablegen im Himmel, der Vater und der Sohn und der Heilige Geist: und diese drei sind eins" (1 Joh 5,7); und sogleich wird hinzugefügt: „Und drei sind es, die Zeugnis ablegen auf der Erde: der Geist, das Wasser und das Blut: und diese drei sind eins" (1 Joh 5,8), wie man es in einigen Handschriften findet.

Wir aber glauben und bekennen unter Zustimmung des heiligen Konzils mit Petrus Lombardus, daß es eine höchste Wirklichkeit gibt, und zwar eine unbegreifliche und unaussprechliche, die wahrhaftig Vater und Sohn und Heiliger Geist ist; drei Personen zugleich und eine jede von ihnen: Und deshalb gibt es in Gott lediglich eine Dreifaltigkeit, keine Vierfaltigkeit; denn jede der drei Personen ist jene Wirklichkeit, d. h. göttliche Substanz, Wesenheit oder Natur: Sie allein ist der Ursprung von allem, außer dem man keinen anderen finden kann: Und jene Wirklichkeit zeugt nicht, noch wurde sie gezeugt, noch geht sie hervor; vielmehr ist es der Vater, der zeugt, und der Sohn, der gezeugt wird, und der Heilige Geist, der hervorgeht: die Unterschiede liegen also in den Personen und die Einheit in der Natur. Wenn also auch „ein anderer der Vater ist, ein anderer der Sohn, ein anderer der Heilige Geist, so (sind sie) dennoch nicht etwas anderes": vielmehr ist das, was der Vater ist, gänzlich der Sohn und ebenso der Heilige Geist; man glaubt also gemäß dem rechten und katholischen Glauben, daß sie wesensgleich sind. Der Vater nämlich gab dem Sohn, indem er ihn von Ewigkeit zeugte, seine Substanz, wie er selbst bezeugt: „Was mir der Vater gegeben hat, ist größer als alles" (Joh 10,29). Man kann nun nicht sagen, daß er ihm einen Teil seiner Substanz gegeben und einen Teil für sich selbst zurückbehalten habe; denn die Substanz des Vaters ist unteilbar, da sie ja ganz und gar einfach (ist). Man kann aber auch nicht sagen, daß der Vater in der Zeugung seine Substanz auf den Sohn übertragen habe, als ob er sie so dem Sohn gegeben hätte, daß er sie nicht für sich zurückbehalten hätte; sonst hätte er aufgehört, Substanz zu sein. Es ist also klar, daß der Sohn in der Geburt ohne irgendeine Verminderung die Substanz des Vaters empfangen hat und der Vater und der Sohn dementsprechend dieselbe Substanz haben: Und so ist dieselbe Wirklichkeit Vater und Sohn und ebenso Heiliger Geist, der von beiden hervorgeht. Wenn aber die Wahrheit für ihre Gläubigen zum Vater betet und sagt: „Ich will, daß sie eins seien in uns, so wie auch wir eins sind" (Joh 17,22), so wird zwar dieser Ausdruck „eins" für die Gläubigen gebraucht, damit die Einigung der Liebe in der Gnade verstanden werde, für die göttlichen Personen aber, damit die Einheit der Identität in der Natur erkannt werde; ebenso sagt die Wahrheit an einer anderen Stelle: „Ihr sollt vollkommen sein, wie auch euer himmlischer Vater vollkommen ist" (Mt 5,48), als ob sie noch deutlicher sagte: „Ihr sollt vollkommen sein" durch die Vollkommenheit der Gnade, „wie euer himmlischer Vater vollkommen ist" durch die Vollkommenheit der Natur, beides nämlich auf seine Weise: Denn zwischen dem Schöpfer und dem Geschöpf kann man keine so große Ähnlichkeit feststellen, daß zwischen ihnen keine noch größere Unähnlichkeit festzustellen wäre. Wer sich also anmaßen sollte, die Auffassung bzw. Lehre des vorgenannten Joachim in diesem Punkte zu verteidigen oder zu billigen, der soll von allen als häretisch abgewiesen werden.

Wir wünschen jedoch, daß dem Kloster von Fiore, dessen Gründer Joachim selbst war, deswegen in keiner Hinsicht Nachteile entstehen – denn die dortige Lehre entspricht der Regel und der Lebensstil ist heilsam –, um so mehr, da Joachim selbst die Weisung gegeben hat, Uns alle seine Schriften vorzulegen, damit sie durch das Urteil des Apostolischen Stuhls bestätigt oder auch berichtigt würden, und einen Brief diktierte, den er mit eigener Hand unterschrieben hat, in dem er fest bekennt, er halte den Glauben fest, den die Römische Kirche festhält, die nach Anordnung des Herrn die Mutter und Lehrerin aller Gläubigen ist. Wir verwerfen und verurteilen auch die völlig verkehrte Lehre des gottlosen Almarich, dessen Geist der Vater der Lüge so verblendet hat, daß man seine Lehre weniger als häretisch denn als unsinnig erachten muß (DH 803-806).

Das 2. Konzil von Lyon (1274) und das Konzil von Florenz (1438 - 1445) (14. und 17. Ökumenisches Konzil)

In treuem und andächtigem Bekenntnis bekennen Wir, daß der Heilige Geist von Ewigkeit her aus dem Vater und dem Sohne, nicht als aus zwei Prinzipien, sondern als aus einem Prinzip, nicht durch zwei Hauchungen, sondern durch eine einzige Hauchung hervorgeht; dies hat die hochheilige Römische Kirche, die Mutter und Lehrerin aller Gläubigen, bis heute bekannt, verkündet und gelehrt, dies hält sie unerschütterlich fest, verkündet, bekennt und lehrt sie; dies enthält die unveränderliche und wahre Auffassung der rechtgläubigen Väter und Lehrer, der lateinischen ebenso wie der griechischen. Weil aber einige aus Unkenntnis der eben genannten unverbrüchlichen Wahrheit in mannigfaltige Irrtümer geraten sind, wollen Wir solchen Irrtümern den Weg versperren und verurteilen und verwerfen mit Zustimmung des heiligen Konzils diejenigen, die sich unterstehen zu leugnen, der Heilige Geist gehe von Ewigkeit her aus dem Vater und dem Sohne hervor, oder auch in leichtfertigem Unterfangen zu behaupten, daß der Heilige Geist aus dem Vater und dem Sohne als aus zwei Prinzipien und nicht als aus einem hervorgehe. (DH 850).

Dekret für die Griechen (DH 1300-1302)

[Das Hervorgehen des Heiligen Geistes.] Im Namen also der Heiligen Dreifaltigkeit, des Vaters und des Sohnes und des Heiligen Geistes, bestimmen wir unter Zustimmung dieses heiligen allgemeinen Konzils von Florenz, daß folgende Glaubenswahrheit von allen Christen geglaubt und angenommen werden soll, und daß alle so bekennen sollen, daß der Heilige Geist aus dem Vater und dem Sohne von Ewigkeit her ist, sein Wesen und sein in sich ständiges Sein zugleich aus dem Vater und dem Sohne hat und aus beiden von Ewigkeit her als aus einem Prinzip und durch eine einzige Hauchung hervorgeht; dabei erklären wir, daß das, was die heiligen Lehrer und Väter sagen, (nämlich) daß der Heilige Geist aus dem Vater durch den Sohn hervorgehe, auf ein solches Verständnis hinausläuft, daß dadurch bedeutet wird, daß auch der Sohn gemäß den Griechen Ursache, gemäß den Lateinern aber Prinzip des Daseins des Heiligen Geistes ist, so wie auch der Vater. Und weil der Vater selbst alles, was des Vaters ist, seinem einziggeborenen Sohn in der Zeugung gab, außer dem Vatersein, hat der Sohn selbst eben dieses, daß der Heilige Geist aus dem Sohn hervorgeht, von Ewigkeit her vom Vater, von dem er auch von Ewigkeit her gezeugt ist. Wir bestimmen überdies, daß die Erläuterung jener Worte, (nämlich) das „Filioque", zum Zwecke der Verdeutlichung der Wahrheit und aufgrund einer damals bestehenden dringenden Notwendigkeit erlaubtermaßen und vernünftigerweise dem Bekenntnis beigefügt worden ist.

Dekret für die Jakobiten (DH 1330-1331)

Die hochheilige römische Kirche, durch das Wort unseres Herrn und Erlösers gegründet, glaubt fest, bekennt und verkündet den einen wahren, allmächtigen, unveränderlichen und ewigen Gott, den Vater und den Sohn und den Heiligen Geist, eins im Wesen, dreifaltig in den Personen; der Vater (ist) ungezeugt, der Sohn aus dem Vater gezeugt, der Heilige Geist aus dem Vater und dem Sohne hervorgehend. Der Vater ist nicht der Sohn oder der Heilige Geist; der Sohn ist nicht der Vater oder der Heilige Geist; der Heilige Geist ist nicht der Vater oder der Sohn; vielmehr ist nur der Vater Vater, nur der Sohn ist Sohn, nur der Heilige Geist ist Heiliger Geist. Allein der Vater zeugte von seiner Substanz den Sohn, allein der Sohn wurde allein vom Vater gezeugt, allein der Heilige Geist geht zugleich vom Vater und Sohn hervor. Diese drei Personen sind ein Gott und nicht drei Götter: denn die drei haben eine Substanz, ein Wesen, eine Natur, eine Gottheit, eine Unermesslichkeit, eine Ewigkeit, und alles ist eins, wo sich keine Gegensätzlichkeit der Beziehung entgegenstellt.

Wegen dieser Einheit ist der Vater ganz im Sohn, ganz im Heiligen Geist; der Sohn ist ganz im Vater, ganz im Heiligen Geist; der Heilige Geist ist ganz im Vater, ganz im Sohn. Keiner geht dem anderen an Ewigkeit voran, überragt (ihn) an Größe oder übertrifft (ihn) an Macht. Denn ewig und ohne Anfang ist, daß der Sohn aus dem Vater entstand; und ewig und ohne Anfang ist, daß der Heilige Geist vom Vater und Sohn hervorgeht". Alles, was der Vater ist oder hat, hat er nicht von einem anderen, sondern aus sich, und er ist Ursprung ohne Ursprung. Alles, was der Sohn ist oder hat, hat er vom Vater, und er ist Ursprung vom Ursprung. Alles, was der Heilige Geist ist oder hat, hat er zugleich vom Vater und Sohn. Aber der Vater und der Sohn (sind) nicht zwei Ursprünge des Heiligen Geistes, sondern ein Ursprung, so wie der Vater und der Sohn und der Heilige Geist nicht drei Ursprünge der Schöpfung (sind), sondern ein Ursprung.

Das Zweite Vatikanische Konzil (1962 - 1965)

Lumen Gentium 2-4

2. Der ewige Vater hat die ganze Welt nach dem völlig freien, verborgenen Ratschluß seiner Weisheit und Güte erschaffen. Er hat auch beschlossen, die Menschen zur Teilhabe an dem göttlichen Leben zu erheben. Und als sie in Adam gefallen waren, verließ er sie nicht, sondern gewährte ihnen jederzeit Hilfen zum Heil um Christi, des Erlösers, willen, „der das Bild des unsichtbaren Gottes ist, der Erstgeborene aller Schöpfung" (Kol 1,15). Alle Erwählten aber hat der Vater vor aller Zeit „vorhergekannt und vorherbestimmt, gleichförmig zu werden dem Bild seines Sohnes, auf daß dieser der Erstgeborene sei unter vielen Brüdern" (Röm 8,29). Die aber an Christus glauben, beschloß er in der heiligen Kirche zusammenzurufen. Sie war schon seit dem Anfang der Welt vorausbedeutet; in der Geschichte des Volkes Israel und im Alten Bund wurde sie auf wunderbare Weise vorbereitet, in den letzten Zeiten gestiftet, durch die Ausgießung des Heiligen Geistes offenbart, und am Ende der Weltzeiten wird sie in Herrlichkeit vollendet werden. Dann werden, wie bei den heiligen Vätern zu lesen ist, alle Gerechten von Adam an, „von dem gerechten Abel bis zum letzten Erwählten", in der allumfassenden Kirche beim Vater versammelt werden.

3. Es kam also der Sohn, gesandt vom Vater, der uns in ihm vor Grundlegung der Welt erwählt und zur Sohnesannahme vorherbestimmt hat, weil es ihm gefallen hat, in Christus alles zu erneuern (vgl. Eph 1,4-5.10). Um den Willen des Vaters zu erfüllen, hat Chris-

tus das Reich der Himmel auf Erden begründet, uns sein Geheimnis offenbart und durch seinen Gehorsam die Erlösung gewirkt. Die Kirche, das heißt das im Mysterium schon gegenwärtige Reich Christi, wächst durch die Kraft Gottes sichtbar in der Welt. Dieser Anfang und dieses Wachstum werden zeichenhaft angedeutet durch Blut und Wasser, die der geöffneten Seite des gekreuzigten Jesus entströmten (vgl. Joh 19,34), und vorherverkündet durch die Worte des Herrn über seinen Tod am Kreuz: „Und ich, wenn ich von der Erde erhöht bin, werde alle an mich ziehen" (Joh 12,32). Sooft das Kreuzesopfer, in dem Christus, unser Osterlamm, dahingegeben wurde (1 Kor 5,7), auf dem Altar gefeiert wird, vollzieht sich das Werk unserer Erlösung. Zugleich wird durch das Sakrament des eucharistischen Brotes die Einheit der Gläubigen, die einen Leib in Christus bilden, dargestellt und verwirklicht (1 Kor 10,17). Alle Menschen werden zu dieser Einheit mit Christus gerufen, der das Licht der Welt ist: Von ihm kommen wir, durch ihn leben wir, zu ihm streben wir hin.

4. Als das Werk vollendet war, das der Vater dem Sohn auf Erden zu tun aufgetragen hatte (vgl. Joh 17,4), wurde am Pfingsttag der Heilige Geist gesandt, auf daß er die Kirche immerfort heilige und die Gläubigen so durch Christus in einem Geiste Zugang hätten zum Vater (vgl. Eph 2,18). Er ist der Geist des Lebens, die Quelle des Wassers, das zu ewigem Leben aufsprudelt (vgl. Joh 4,14; 7,38-39); durch ihn macht der Vater die in der Sünde erstorbenen Menschen lebendig, um endlich ihre sterblichen Leiber in Christus aufzuerwecken (vgl. Röm 8,10-11). Der Geist wohnt in der Kirche und in den Herzen der Gläubigen wie in einem Tempel (vgl. 1 Kor 3,16; 6,19), in ihnen betet er und bezeugt ihre Annahme an Sohnes Statt (vgl. Gal 4,6; Röm 8,15-

16.26). Er führt die Kirche in alle Wahrheit ein (vgl. Joh 16,13), eint sie in Gemeinschaft und Dienstleistung, bereitet und lenkt sie durch die verschiedenen hierarchischen und charismatischen Gaben und schmückt sie mit seinen Früchten (vgl. Eph 4,11-12; 1 Kor 12,4; Gal 5,22). Durch die Kraft des Evangeliums läßt er die Kirche allezeit sich verjüngen, erneut sie immerfort und geleitet sie zur vollkommenen Vereinigung mit ihrem Bräutigam. Denn der Geist und die Braut sagen zum Herrn Jesus: „Komm" (vgl. Offb 22,17).

So erscheint die ganze Kirche als „das von der Einheit des Vaters und des Sohnes und des Heiligen Geistes her geeinte Volk".

AD GENTES 2-4

2. Die pilgernde Kirche ist ihrem Wesen nach „missionarisch" (d. h. als Gesandte unterwegs), da sie selbst ihren Ursprung aus der Sendung des Sohnes und der Sendung des Heiligen Geistes herleitet gemäß dem Plan Gottes des Vaters.

Dieser Plan entspringt der „quellhaften Liebe", dem Liebeswollen Gottes des Vaters. Er, der ursprungslose Ursprung, aus dem der Sohn gezeugt wird und der Heilige Geist durch den Sohn hervorgeht, hat uns in seiner übergroßen Barmherzigkeit und Güte aus freien Stücken geschaffen und überdies gnadenweise gerufen, Gemeinschaft zu haben mit ihm in Leben und Herrlichkeit. Er hat die göttliche Güte freigebig ausgegossen und gießt sie immerfort aus, so daß er, der Schöpfer von allem, endlich „alles in allem" (1 Kor 15,28) sein wird, indem er zugleich seine Herrlichkeit und unsere Seligkeit bewirkt. Es hat aber Gott gefallen, die Menschen nicht bloß als einzelne, ohne jede gegenseitige Verbindung, zur Teilhabe an seinem Leben zu rufen, sondern sie zu einem Volk zu bilden, in dem seine Kinder, die verstreut waren, in eins versammelt werden sollen.

3. Dieser umfassende Plan Gottes für das Heil des Menschengeschlechtes wird nicht allein auf eine gleichsam in der Innerlichkeit des Menschen verborgene Weise verwirklicht, ebenso nicht bloß durch Bemühungen, auch religiöser Art, mit denen die Menschen Gott auf vielfältige Weise suchen, „ob sie ihn vielleicht berühren oder finden möchten, wiewohl er nicht ferne ist von einem jeden von uns" (vgl. Apg 17,27). Diese Bemühungen bedürfen nämlich der Erleuchtung und Heilung, wenn sie auch aufgrund des gnädigen Ratschlusses des vorsorgenden Gottes zuweilen als Hinführung zum wahren Gott oder als Bereitung für das Evangelium gelten können. Gott hat vielmehr beschlossen, auf eine neue und endgültige Weise in die Geschichte der Menschen einzutreten; so wollte er Frieden und Gemeinschaft mit sich herstellen und brüderliche Verbundenheit unter den Menschen, die doch Sünder sind, stiften. Darum sandte er seinen Sohn in unserem Fleisch, damit er durch ihn die Menschen der Gewalt der Finsternis und Satans entreiße und in ihm die Welt sich versöhne. Ihn also, durch den er auch die Welten erschuf, bestimmte er zum Erben des Alls, daß er alles in ihm erneuerte.

Denn Christus Jesus ist in die Welt gesandt worden als wahrer Mittler Gottes und der Menschen. Da er Gott ist, „wohnt in ihm leibhaftig die ganze Fülle der Gottheit" (Kol 2,9); der menschlichen Natur nach aber ist er, „voll Gnade und Wahrheit" (Joh 1,14), als neuer Adam zum Haupt der erneuerten Menschheit bestellt. So hat der Sohn Gottes die Wege wirklicher Fleischwerdung beschritten, um die Menschen der göttlichen Natur teilhaft zu machen; unseretwegen ist er arm geworden, da er doch reich war, damit wir durch seine Armut reich würden. Der Menschensohn kam nicht, um sich bedienen zu lassen, sondern um zu dienen und sein Leben als Lösegeld hinzugeben für die vielen, das heißt für alle. Die heiligen Väter verkünden beständig, daß nicht geheilt ist, was nicht von Christus angenommen ist. Er hat aber, ausgenommen die Sünde, die volle Menschennatur angenommen, wie sie sich bei uns findet, die wir elend und arm sind. Christus, „den der Vater geheiligt und in die Welt gesandt hat" (Joh 10,36), hat nämlich von sich selbst gesagt: „Der Geist des Herrn ruht auf mir; denn er hat mich gesalbt, frohe Botschaft den Armen zu künden; er hat mich gesandt, zu heilen, die zertretenen Herzens sind, den Gefangenen Freilassung anzukündigen und den Blinden das Augenlicht" (Lk 4,18). Und an anderer Stelle: „Der Menschensohn ist gekommen, zu suchen und heil zu machen, was verloren war" (Lk 19,10).

Was aber vom Herrn ein für allemal verkündet oder in ihm für das Heil des Menschengeschlechts getan worden ist, muß ausgerufen und ausgesät werden bis ans Ende der Erde, beginnend von Jerusalem aus. So soll, was einmal für alle zum Heil vollzogen worden ist, in allen im Ablauf der Zeiten seine Wirkung erlangen.

4. Um dies zu vollenden, hat Christus vom Vater her den Heiligen Geist gesandt, der sein Heilswerk von innen her wirken und die Kirche zu ihrer eigenen Ausbreitung bewegen soll. Ohne Zweifel wirkte

der Heilige Geist schon in der Welt, ehe Christus verherrlicht wurde. Am Pfingsttage jedoch ist er auf die Jünger herabgekommen, um auf immer bei ihnen zu bleiben. Die Kirche wurde vor der Menge öffentlich bekanntgemacht, die Ausbreitung des Evangeliums unter den Heiden durch die Verkündigung nahm ihren Anfang, und endlich wurde die Vereinigung der Völker in der Katholizität des Glaubens vorausbezeichnet, die sich durch die Kirche des Neuen Bundes vollziehen soll, welche in allen Sprachen spricht, in der Liebe alle Sprachen versteht und umfängt und so die babylonische Zerstreuung überwindet. Mit Pfingsten begann „die Geschichte der Apostel", so wie durch die Herabkunft des Heiligen Geistes auf die Jungfrau Maria Christus empfangen worden war und wie Christus selbst dem Werk seines Dienstes zugeführt wurde, als der nämliche Heilige Geist beim Gebet auf ihn niederstieg.

Der Herr Jesus selbst aber hat, ehe er sein Leben freiwillig für die Welt hingab, den apostolischen Dienst so geordnet und die Sendung des Heiligen Geistes verheißen, daß beide sich darin zusammenfinden, das Werk des Heiles immer und überall zur Fruchtbarkeit zu bringen. Der Heilige Geist eint die ganze Kirche alle Zeiten hindurch „in Gemeinschaft und Dienstleistung, stattet sie mit den verschiedenen hierarchischen und charismatischen Gaben aus", wobei er die kirchlichen Einrichtungen gleichsam als Seele belebt, und senkt den gleichen Geist der Sendung, von dem Christus getrieben war, in die Herzen der Gläubigen ein. Bisweilen geht er sogar sichtbar der apostolischen Tätigkeit voran, wie er sie auch auf verschiedene Weisen unablässig begleitet und lenkt.

GAUDIUM ET SPES 24

24. Gott, der väterlich für alle sorgt, wollte, daß alle Menschen eine Familie bilden und einander in brüderlicher Gesinnung begegnen. Alle sind ja geschaffen nach dem Bild Gottes, der „aus einem alle Völker hervorgehen ließ, die das Antlitz der Erde bewohnen" (Apg 17,26), und alle sind zu einem und demselben Ziel, d. h. zu Gott selbst, berufen. Daher ist die Liebe zu Gott und zum Nächsten das erste und größte Gebot. Von der Heiligen Schrift werden wir belehrt, daß die Liebe zu Gott nicht von der Liebe zum Nächsten getrennt werden kann: „... und wenn es ein anderes Gebot gibt, so ist es in diesem Wort einbegriffen: Du sollst deinen Nächsten lieben wie dich selbst ... Demnach ist die Liebe die Fülle des Gesetzes" (Röm 13,9-10; 1 Joh 4,20).

Das ist offenkundig von höchster Bedeutung für die immer mehr voneinander abhängig werdenden Menschen und für eine immer stärker eins werdende Welt. Ja, wenn der Herr Jesus zum Vater betet, „daß alle eins seien ... wie auch wir eins sind" (Joh 17,20-22), und damit Horizonte aufreißt, die der menschlichen Vernunft unerreichbar sind, legt er eine gewisse Ähnlichkeit nahe zwischen der Einheit der göttlichen Personen und der Einheit der Kinder Gottes in der Wahrheit und der Liebe.

Dieser Vergleich macht offenbar, daß der Mensch, der auf Erden die einzige von Gott um ihrer selbst willen gewollte Kreatur ist, sich selbst nur durch die aufrichtige Hingabe seiner selbst vollkommen finden kann.

Weitere Informationen unter:
www.legionaerechristi.org und www.regnumchristi.org